KISS ERZSÉBET

Öngyógyító emberek

novum pro

www.novumpublishing.hu

Minden jog fenntartva, beleértve a mű film, rádió és televízió, fotómechanikai kiadását, hanghordozón és elektronikus adathordozón való forgalmazását, valamint kivonat megjelentetését, illetve az utánnyomását is.

Nyomtatva az Európai Unióban környezetbarát, klór- és savmentes, fehérített papírra.

© 2015 novum publishing gmbh

ISBN 978-3-99048-168-4
Lektor: Tömösvári Emese
Borítóképek: Balefire9,
Maksym Protsenko | Dreamstime.com
Borító, tördelés & nyomda: novum publishing gmbh
Illusztrációk: lásd képjegyzéket
a 201. oldalon

A szerző által a kiadó rendelkezésére bocsátott képek a legjobb minőségben kerültek nyomtatásra

www.novumpublishing.hu

Tartalom

Köszönet 9
Előszó 11

Atlétika
A mackósból lett maratonista útja 15
Lebénult, majd bajnok lett 19
Sérülés után kezdett újra járni tanulni 21

Aquafitness
Hat kerékpárt koptatott el 24
Rák, baleset és csípőműtét után 28

Aviva hormonszabályozó torna
Mérsékli a klimaxos panaszokat 30
A nőgyógyász ajánlotta a módszert 33

Csikung
Csodavárás és gyógyszer helyett 35
Ne várjuk meg a belső orvos kimerülését! 38

Etka-jóga
A mozgástól eltiltva éltem 42
Kopunk, öregszünk, de fájni nem kell 46
Az újjászületéshez vezető út 50
A gerincbetegségből kilábalt gumiember 54
A bajok vitték el a „szabvány" élettől 58

Fit-ball
Csinos alakformáló 61
Nyújtja, lazítja, erősíti az izmokat 64

Gyűrűs izmok tornája
Szexre és a szülésre is felkészülni 66

Hallássérült jeltánc
Táncművészeti műfajt teremtett 69

Hastánc
Ha elfogadják önmagukat 73
Akit mindig fel lehet hívni 78

Kerekes szék
A siker még elszántabbá tesz 80
Egy csapatra való csapás után 83

Kerékpározás
Jobb kar nélkül kerekezve 87
Amputálást helyeztek kilátásba 91

Látássérültek – hegymászás
Tekézik, túrázik, földet művel – vakon 96

Látássérültek – kerékpározás
Élvezik a száguldást a lejtőkön 99

Látássérültek – Etka jóga
Elraktározódtak a fények 101

Látássérültek – rádióamatőr
Az alkotó ember előtt nincs akadály 106

Meridián torna 3-1-2
Műtétek sorozata után 108
Egyhuzamban huszonegy alkalommal 111
Légy saját magad akkumulátora 115

Nordic Walking
Egyik „botkóstolót" követte a másik 118
Becsontosodás az íróasztal mellett 123

Paralimpikonok
Közösen könnyebb felemelkedni 125
A testsúlya háromszorosát nyomta ki 129

Szakrális tánc
Kell az életöröm! 132
Összekapcsolódnak az energiák 134

Szemmasszázs, szemtorna
A sport misszionáriusa 137
Lényeges javulást értem el 141

Szívtorna
Infarktus után 143

Testépítés
Elvonókúra helyett 151

Transzplantáltak
Tizennégy műtét után 153
Hála az ismeretlen donoroknak 164
Amikor a túlélés mások halálán múlik 168
Egy napon belül két szervátültetés 175

Triatlon
Egyre öregebb, mégis erősebb 181
Olimpia helyett 16 műtét 187

Túra
A Nefelejcs Egyesülettel őrizte meg az egészségét 191

Úszás
Vitorlások állnak készen a mentésre 193

Utószó 195
Felhasznált irodalom 197

Köszönet

azoknak, akik emberi és szakmai előmenetelemet segítették:

Édesapámnak (1915–1983),
aki nyakban ülő koromtól kezdve vitt magával a sporteseményekre, megszerettette velem a különböző sportágakat, segítette fejlődésemet.

Édesanyámnak (1911–2000),
aki gondtalan hátteret biztosított mindehhez.

Sólyom Károlynak,
a Debreceni Műanyaggyár főkönyvelőjének a precízség megköveteléséért.

Vermes Lászlónénak,
Debrecen városi testnevelési szakfelügyelőnek, aki bámulatos kedvességgel mintát adott az emberi közelítéshez.

Sándor Lászlónak,
Hajdú-Bihar megyei Általános Iskolai Sport Bizottság (ÁISB) elnöknek a szervezési titkainak megosztásáért.

Ungvári Jánosnak,
a Hajdú-Bihar megyei Diáksport Tanács volt elnökének a tények, értékek hiteles kezelésének bemutatásáért.

Dr. Csikai Erzsébet orvos-természetgyógyásznak, aki mellettem állt, amikor szükségem volt rá.

Nyárády Pálné Márta
barátnőmnek a testvéri szeretetű menedzseléséért.

Dr. Szalontai Éva
nemzetközi újságírónak a lehetőségeim kiterjesztéséért.

Kovács Zsoltnak,
a Hajdú-bihari Napló szerkesztő-újságírójának tanításaiért, hasznos tanácsaiért, a szöveg gondozásáért.

Előszó

Cseh László úszó, Benedek Tibor vízilabdázó, Kovács Kati kajakozó, Puskás Öcsi labdarúgó. Ismert nevek a sportrajongók táborában, s biztosak lehetünk abban, hogy sikereik mögött nem csak tehetség, hanem hatalmas elszántság és végtelen sok munka rejlik. Itt van továbbá Sasvári Gyula, Szűcs Gyöngyi, és Kacsó Márton is. Nevük azonban csak szűkebb környezetben ismert, pedig ők is mérhetetlen elszántsággal vetették magukat a sportba. Ám egyikük sem azért, hogy nemzetük dicsőségére dobogóra álljon, hanem hogy éljenek még, ha lehet, minél tovább és minél egészségesebben.

A hasonló indíttatású szereplők elhatározásáról és erőfeszítéseiről olvashatnak ebben a könyvben. Aki rászánja az időt, nem csak példát, erőt is kap a követésükhöz, mert az egyes szám első személyben elmondott történetek hatása alól senki sem tudja kivonni magát.

Hogy hányféle betegség létezik testi-lelki szinten, arról jobb, ha nem is tudunk. Kifejlődhetnek évek alatt, ránk törhetnek egyik pillanatról a másikra. A baj jelentkezésekor a többség azonnal orvoshoz fordul, mások halogatják a szakszerű beavatkozást. Az orvos általában gyógyszert ír fel, a mozgás oldaláról közelítve pedig: vagy javaslatot tesz rá, vagy mérsékletre int, de előfordulhat az is, hogy egyenesen megtiltja. Érdemes követni a tanácsokat, hiszen az életünkről van szó.

A szereplők arról vallanak, hogyan javult meg életminőségük az általuk választott testedzés során. Saját szavaikkal fogalmazták meg, milyen mozgásformában, közösségben találták meg örömüket és gyógyírt a kilábaláshoz. Ők már megvívták a harcukat, győztesen kerültek ki életkrízisükből. Mi, követők, miért is harcolnánk, amikor e nélkül is megőrizhetjük egészségünket? Vegyük kézbe idejében a saját sorsunkat!

Kiss Erzsébet

Világi idézetek a mozgásról

„A nevelés nagy titka abban áll, hogy a test és a szellem gyakorlatai mindig pihenésül szolgáljanak egymásnak."
(Rousseau)

„Az ember az izmaival jár, a tüdejével szalad, a szívével vágtat, a gyomrával bírja a futást, az agyvelejével ér célhoz."
(Tissie)

„Minden boldogság bátorságból és munkából fakad."
(Balzac)

„A fiatalság mércéje nem az életkor, hanem a szellem és a lélek állapota: az akarat- és képzelőerő, az érzelmek intenzitása, a jókedv és a kalandvágy győzelme a lustaságon."
(Albert Schweitzer)

„A szépség vagy te, Sport!
A testeket te formálod nemessé,
elűzöl romboló vad szenvedélyeket,
acéllá edzel lankadatlanul.
Lábak, karok, törzsek összhangja és
tetszetős ütem tőled való.
Bájt és erőt te fűzöl együvé,
szilárddá és rugalmassá te tessz."
(Pierre de Coubertin)

Bibliai idézetek a mozgásról

"Nem tudjátok, hogy a pályán küzdők mind futnak ugyan, de a díjat csak egy nyeri el? Úgy fussatok, hogy elnyerjétek!"
(1Kor. 9,24)

"... fussuk meg kitartással az előttünk levő pályát."
(Zsid. 12,1)

"A versenyzők valamennyien megtartóztató életet élnek, minden tekintetben."
(1Kor. 9,25)

"A versenyző is csak akkor nyeri el a babérkoszorút, ha szabályszerűen küzd."
(2Tim. 2,5)

"... és rabságba vetem testemet, hogy míg másokat tanítok, magam méltatlanná ne váljak."
(1Kor. 9,27)

"Azt mondom ezért nektek: Ne aggodalmaskodjatok életetek miatt, hogy mit esztek vagy mit isztok, sem testetek miatt, hogy mibe öltöztök. Nem több az élet az eledelnél s a test a ruhánál?"
(Mt. 6,25)

Atlétika

A mackósból lett maratonista útja

„120 kilóról három hónap alatt lefogytam 75 kilóra, aminek döbbenetes hatása volt a környezetemben."
(Kacsó Márton, Hajdúböszörmény)

47 év sport – 15 maraton

Ha a futás kerül szóba, először arra emlékszem, hogy a Debreceni Egyetem klinikáján **elfutottam a mandula műtétem elől.** Nem lehettem túl rossz már ötévesen sem egy kilométeren, hiszen a műtőssegéd igencsak megizzadt, hogy utolérjen – mesélte az édesanyám. Szóval így kezdődött!

Korai randevú volt – én mindig „bajnoknak" készültem! Mint mások, én is belevetettem magam a munkás évekbe, és szépen gyarapodni kezdtem, no, nem anyagilag, inkább súlyban! Megszülettek a fiaim, lakásépítés, diplomaszerzés. Elérve a bűvös száz kilogrammos határt, egyre inkább „mackósodni" kezdtem, és **már sokan bácsiztak!** Később észrevétlenül rakódtak rám a kilók, és **a söröskorsó elhelyezéséhez nem volt szükségem asztalra.** Persze krónikus kialvatlanságban, állandó fáradtságban volt részem nap mint nap. Egy orvosi vizsgálatnál figyelmeztettek: csináljak már végre valamit magammal. Csak később mondták meg, hogy akkor **három évet jósoltak nekem.**

A negyvenegyedik születésnapomon sportbaleset ért, amit térdműtét követett: porc, szalag – a szokásos focista problémák. Ekkor már 120 kiló voltam! Műtét után, ahol ráadásul megszabadultam kevéske pénzemtől is, mankózás, lábadozás hónapokon át. Ekkor született meg bennem az elhatározás: változtatni kell! Három hónap alatt kerékpároztam 4000 kilométert, minden este tornáztam fél órát, és **elkezdtem egészségesebben táplálkozni.** Az eredmény drámai volt: **120 kilóról három hónap alatt lefogytam 75 kilóra,** aminek döbbenetes hatása volt a környezetemben.

Rák? Leukémia? AIDS? Mennyi van még hátra? – ilyen s ehhez hasonló kérdéseket kaptam, s kapok még ma is! Még az év telén elkezdtem futni, futogatni. Az első alkalommal éjjel merészkedtem ki az utcára, sarkvidéki szerelésben, de majd' elpusztultam 1500 méter lefutása után, ám kitartottam, és az 1999. évi Dreher Maraton váltó első embereként 4:17-es kilométereket tudtam futni. Életem első igazi versenyén, 1999 augusztusában, a NIKE félmaratonon 1 óra 58 perces idővel sikerült befutnom, és a cél átlépésekor olyan érzéseim voltak, mint még soha! Kitartottam, futottam továbbra is, de ekkor még mindenki úgy gondolta: last minute!

Az első maratoni versenyemre teljesen egyedül készültem fel, Monspart Sarolta személyre szólóan megírt edzésterve alapján. Kegyetlen meló volt, de siker koronázta a próbálkozásomat és 2000. október 1-jén 3:53:01-es idővel értem célba életem első maratonján. *„Az út a jutalom"* – tartja egy régi tibeti hegymászó mondás, amely tartalmazza mindazt, ami a futásban is a lényeg.

Maratont lefutni komoly felkészülés nélkül lehetetlen. A felkészülésre fordított éveket, évszakokat, hónapokat, napokat és órákat kárpótolja az a pillanat, amikor átléped a célt. Ezt soha senki sem tapasztalhatja meg, csak azok, akik bátran szembenéznek a kihívásokkal! Persze a félmaratoni és a rövidebb távú versenyeket ekkor már nem számolgattam. Évente 2100–2300 kilométert is futottam. Amit célként kitűztem magam elé, mindig teljesítettem. Sohasem adtam fel még versenyt! Már társam is akadt 2001 tavaszán, egy barátom, ő az első maratonjára készült. Idővel kiderült, nagyon edzettem abban az időben. Az egyik februári napsütéses délelőtt elindultam futni, és egy **sürgősségi ambulanciás orvosi rendelőben ébredtem.** Nem emlékeztem semmire. Majd a kivizsgálások hosszú sora következett. Nem találtak semmi problémát, de kijelentették, nem jó, ha éjjel harmincas a pulzusom. Ennyivel nem illik élni. A bajt tetőzte egy rendőrségi kihallgatás is, ugyanis a balesetemkor elütöttem egy szabályosan kerekező, kedélyes nyugdíjas bácsikát. A barátaim azzal húztak: – Mi van, már olyan erős vagy, hogy ártatlan öreg nyugdíjasokat ütsz el az úton! Ezután nagyon óvatossá váltam, hiszen megértettem, meghalhattam volna, s ez látszott rajtam – mondták a futótársak.

Az esemény nem akadályozott meg abban, hogy egy hónap múlva az első Hungaroring félmaratonon elinduljak. **A továbbiakban nagyon óvatossá váltam**, mindig ittam futás előtt. Ha tehetem, nem futok egyedül, és lehetőleg nem edzek tizenöt napon át–pihenés nélkül! Ja **és „felcímkéztem" magam egy nyakba akasztható fémlapocskára írt TAJ-számmal.**

A 2002-es évben 2500 kilométert futottam, és 1:34-es félmaratoni, illetve 3:42-es maratoni időre javítottam egyéni csúcsaimat. Most már „falkában futok", és mindig megnyugtat, hogy nemcsak én érzem magam rosszul!

Egy év múlva már három teljes távú maratont futottam.
A Bécsi és a Bükki Hegyi Maratonok között két hét volt, majd rá két hétre következett a Kékes Csúcsfutás. Mondták is: – Te tényleg hülye vagy! Az őszi Kaiser's után már nekem is elég volt.

Nem tanultam a hibáimból, és 2004-ben is három maraton teljesítését tűztem ki célul, pedig az előjelek nem voltak túl kedvezőek. Jelentősen csökkent a heti kilométereim száma, és az intenzitásommal is akadtak problémák. Mégis elindultam. A sikertelen időeredmények miatt „hányingerem" lett a futástól. Abba is hagytam, egy teljes hónapig egyáltalán nem futottam, de nem is hiányzott! Amikor újrakezdtem, óvatosabban, kicsit tervszerűbben készültem.

Ma már teljesen más szemmel nézem a dolgokat. A saját bőrömön próbáltam ki mindent, de sokat tanultam. Abban biztos vagyok, hogy szeretnék aktívan futni, bringázni, kosarazni, túrázni, addig, amíg megtehetem.

A futás, a futóversenyek megajándékoztak egy más világgal. Találkoztam egy csomó egyáltalán nem hétköznapi emberrel, akik bátran szembenéznek a kihívásokkal, és teljesítik is azokat. A futó események hihetetlen hangulatúak, csodásak, jókedv, derű s rengeteg „őrült", cseppet sem hétköznapi ember van együtt, akikből árad az életkedv és egy picike „deviancia" – olvasatomban ez nem az átlagosságot jelenti! A bajnokok mind-mind ilyenek!

A családom – ha teheti – elkísér egy-egy futóversenyre. A Bükki Hegyi Maraton lefutása után Annuska – a nevelt leányom – nehezen értette meg, hogy nem ülhet a nyakamba hegymászás közben.

Nehéz napom volt, sok ilyen napom van, és utána rosszul aludtam (egy nehéz nap éjszakája), felriadtam. Esett az eső, hideg volt, de valami belül azt súgta: menj el futni. Így is tettem. Futócipő, dzseki, néhány görcsös mozdulat, aztán gyerünk. Az első egy-két kilométer még kemény volt, de aztán szárnyalni kezdtem. Elhagytam a gondjaimat, problémáimat, lassan a fénylő falevelekre, a kora reggeli friss levegőre kezdtem odafigyelni. Elállt az eső, kialudtak az éjjeli lámpák. A Rákóczi utcán mosolyogva integetett a postásunk. Lassan ébredezett a város. Sok ilyen benyomást, kellemes emléket kívánok valamennyiüknek, és **a sportot sohase hagyják abba!**

Atlétika

Lebénult, majd bajnok lett

A gyógyszert ki tudtam váltani a futással."
(Kovács Ferenc, Püspökladány)

Kovács Ferenc, a többszörös korosztályos bajnok

A sportszeretetem ifjú koromban gyökerezik, hiszen emeltem súlyt és fociztam, főként a jobbhátvéd posztján, a Hosszúháti Állami Gazdaság járási csapatában.

A vasúttól mentem nyugdíjba, és a **megnövekedett szabadidőmben ismét a sport jelentette számomra a kedvelt időtöltést.** Az újrakezdéshez azonban egy kényszerítő körülmény is hozzájárult. A bal lábam lebénult, és a gerincműtétet követően orvosi javaslatra kezdtem el mozogni. Sétáltam, pingpongoztam – elég keservesen – a felépülés időszakában. **A kilencvenhét kilós**

testsúlyomból huszonkettőt sikerült leadnom, és fokozatosan kezdtem egyre jobb kondiba kerülni az egyéni edzéstervem alapján. Bekapcsolódtam a szabadidős sportrendezvényekbe, mert a társak komoly lendítőerőt jelentenek a távok teljesítésében. **A szabadidős sport lehetőséget ad még az időeredmények kontrollálására, merészebb célok kitűzésére.**

Elszántságom, akaraterőm olyan szintre vitt, hogy rendszeresen indultam futóversenyeken a Debreceni Veterán Atlétikai Klub (DEVAK) színeiben. **Korosztályomban szinte minden versenyt megnyertem, amelyen elindultam.** Nyolc magyar bajnoki érmet szereztem négyszáz métertől félmaratonig terjedő futószámokban. Hatvan éven túl is elmaradhatatlan résztvevője vagyok Hajdú-Bihar megye komolyabb sportrendezvényeinek és a tömeg futóversenyeknek. Sőt, nejem, Éva is kedvet kapott a futáshoz rövidebb távokon.

Nem hiányozhatok az idénykezdő Rotary félmaratoni startjáról. Az idényzáró Rajkai Emlékversenyen hatszor indultam ötezer méteren. Az igazi megmérettetést azonban az országos viadalok jelentik. Büszkeséggel töltenek el a tatai öt- és tízezer méteren szerzett bajnoki címeim. Az országos fedett pályás bajnokságon, Budapesten két ezüstéremmel indítottam az egyik versenyidényt, és kijelenthetem, hogy eredményeim az évek múlásával örvendetesen javulnak.

Kipróbáltam magam úszásban is. **Nagy élményt jelentett a három kilométeres Balaton-átúszás** 2008 nyarán, amit korosztályos elsőséggel ünnepeltem.

A sportolót sajnos nem kerülik el a sérülések. Ilyenkor a fájdalmon kívül nagyon nehéz átélni a felépülés időszakát, a lelki kétségeket, vajon rajthoz állhatok-e még valaha. Nekem ez is sikerült, és több hónapos kihagyás után, kétoldali térdszalag-szakadásból felépülve, már a hajdúszoboszlói Aqua Futáson, tíz kilométeren bizonyítottam versenyképességem.

Nem tagadom, az érmek is boldogsággal töltenek el, de ami még ennél is fontosabb, hogy az állapotjavulásom következtében a gyógyszert ki tudtam váltani a futással. Kortársaimnak saját példám alapján azt tudom tanácsolni, **kezdjék el minél hamarabb a testmozgást.**

Atlétika

Sérülés után kezdett újra járni tanulni

A foglalkozásommal járó idegi terhek kedvezőbb kezelése céljából tértem vissza a sport világába."
(Szőllősi István, Püspökladány)

Szőllősi István San Sebastianban is bizonyított

Földesen nőttem fel, iskolai szinten fociztam, kézilabdáztam, néha atlétikai versenyeken is elindultam. Eredményeimre, a járási spartakiádon kiharcolt győzelmeimre felfigyelt Mandula István edző, és szívesen foglalkozott velem. Püspökladányban 1982 óta élek családommal, és sokáig erőssége voltam a helyi atlétika klubnak.

Harminchat évesen egy bokaszalag sérülés miatt **tíz év szünet jelentett törést** nemcsak a sportpályafutásomban, de életvitelemben is. Hat hét gipsz, három hónap táppénz, huszonnégy kiló plusz testsúly.

Tíz év szünet után tértem vissza a sport világába, a foglalkozásommal járó idegi terhek kedvezőbb kezelése céljából. Az országos fedett pályás bajnokságon három számban indultam a negyvenöt évesek kategóriájában. Hatvan méteres síkfutásban másodikként értem célba, míg kétszáz méteren negyedik helyezést értem el. A négyszer egykörös váltóban viszont a győztes csapat tagja voltam. Ezt a viadalt az ausztriai fedett pályás bajnokság előtt felkészültségem lemérésére terveztem. Ahogy a pénztárcám engedte, igyekeztem részt venni külföldi megmérettetéseken is.

Nemzetközi szerepléseim kiemelkedő állomása volt a veterán atléták spanyolországi világbajnoksága San Sebastianban. Az ötvenkét magyar résztvevő közül heten képviseltük Hajdú-Bihar megyét. Felkészülési lehetőségeim figyelembevételével a tisztes helytállás lehetett a reális célkitűzésem, ami meg is valósult.

Sajnos nem tartott sokáig a sérülésmentes időszak. 2011. augusztus 3-án egy **kiszakadt gerincsérv kényszerített újabb pihenőre.** Sejtésem szerint a képkereskedői foglalkozásom ártalmai miatt alakulhatott ki. Sok időt töltöttem az autóban. Megviselt a huzamos ácsorgás. Megfizettem az árát, egy hónapos szigorú fekvés után kezdtem el ismét járni tanulni. Egy év elteltével merészkedtem a futópályára, felerősíteni a kondíciómat. **Kínok elviselésével** voltam képes emelni a futóadagjaimat, míg 2013-ban mertem vállalni a versenyzést a sprintszámokban.

Egyesületem, a Debreceni Veterán Atlétikai Klub (DEVAK) megalakulásának 20. évfordulója alkalmából Országos pályabajnokságot rendezett 2013-ban. Fogyatékos tanulók meghívásával szinte minden korosztály képviselte magát a sportok királynőjének vallott őszi megmérettetésen. A prímet az idősek vitték, hiszen a résztvevők ötven százaléka 70 éven felüli volt, sőt még **92 éves indulója is volt a népes viadalnak.** Sokan jöttek hozzátartozók a Dunántúlról is, a szurkolást összekapcsolva kis turizmussal, meggyőződni róla, milyen ütemben halad Debrecenben az új stadion építkezése.

Egy perces néma csenddel emlékeztünk meg azokról a sporttársainkról, akik már nem lehettek közöttük. A jó hangulatú összejövetelen mindenki otthonosan érezte magát. A klub tízóraival, ebéddel kedveskedett, az atlétikát szerető támogatók jóvoltából.

Ketten vállalkoztunk megmérettetésre sérülés után. A hatvan éves Zsilinszky Pál barátom nem hagyta leírni magát térdműtétje után sem. Három év kihagyás után tért vissza a tartánra. Eredményén szinte meg sem látszott a kényszerszünet, a 300 méteres gátfutásban 57,9 másodperc alatti idővel ért célba. Én 55 évesen, gerincsérülésemből felépülve, járultam hozzá a 4x200 méteres váltó tagjaként a győzelemhez (2:09,4 mp).

Nekem most is azt jelenti a sport, mint korábban: a fanatizmust, a fogcsikorgatva is kiharcolható győzelem mámorát. Hiányzik az adrenalin, a pálya különleges illata, amely repíti előre az embert, visszahozza a fiatalkori élményeket. A nagyobb viadalokon várom a találkozást a vetélytársakkal, akik bár ellenfeleink, mégis segítjük egymást, mert **ugyan számít a győzelem, de már nem minden áron.**

Amikor az orvosom közölte velem, hogy nem sportolhatok többet, úgy éreztem, meghaltam. **Amikor ismét szöges cipőt húzhattam, elmondhattam, hogy újra élek.**

Aquafitness

Hat kerékpárt koptatott el

„Úgy kell élni, hogy örömet okozzon a lét."
(Vojnitsné Bánáti Edit, Debrecen)

Vojnitsné Bánáti Edit (háttérben a parton) példaképe a csoportjának

Sportos szemléletű családban nőttem fel. Aki ebbe beleszületett, annál ez az érzés automatizmussá válik. Olyan, mint az evés és az alvás, kívánja a szervezet.

Szüleim után több edzőm játszott fontos szerepet személyiségem formálásában. Dr. Nagyné Sárközi Violetta balettmester **még kilencvenhárom éves korában is oktatott.** Számomra maga volt a csoda, amikor harminc év után beléptem az órájára, és tudta a nevemet. Tehát **nemcsak a testét, hanem az agyát is karban tudta tartani.**

Egykori testnevelőmmel – Máthé Gézáné Pötyi nénivel –, aki kilencvenedik évéhez közeledik, napi kapcsolatban vagyok. Tőlük tudást, emberséget, becsületességet és a sport szeretetét kaptam. Látván nyitottságukat, én is **bátran belevágtam új dolgok tanulásába.**

Hét éves periódusokra osztható életszakaszaimban helyet kapott a tanulás, a tanítás, a családalapítás, az ásványgyűjtés, a szörfözés, a síelés, a képzőművészeti támogatás, és mind emellett kiemelt helyen állt a kétkerekűvel való kapcsolatom. Ezzel közlekedem a városban, tanítványaim számára rendszeresen szerveztem kiadós túrákat, részt vettem versenyeken, kerékpáros megmozdulásokon.

Tanárkoromtól kezdve tudom, milyen **sokat számít a személyes példamutatás**. A tömegsportmozgalmak fénykorában elég volt kiírni a faliújságra, mikor hová szervezek túrát. Attól kezdve már csak azon fájhatott a fejem, milyen létszám után húzzam meg a vonalat, azzal a megkötéssel: ti majd legközelebb jöhettek.

Tanítványaimmal, férjemmel, lányommal bejártuk hazánk legszebb tájait. A résztvevő tanulókkal annyira összekovácsolódtunk, hogy **nem volt velük nevelési problémám**. Tűzbe mentünk volna egymásért.

Az aquagymet ötvenöt évesen tanultam meg, tizenöt éve oktatom, Tanítványaim száma száz fölött lehet. Foglalkozom még úszásoktatással. Mindeközben én is mindenkitől tanulok. A tanulságokat lejegyzem, és így mindig van újabb és újabb sikerélményem. Alig várom a következő órát, hogy megvalósítsam, amit elterveztem. Ezek a mindennapi apró örömök fantasztikus erőt és emberszeretetet adnak, boldognak, vidámnak érzem magam. Először önmagam próbálom ki az új mozgásformákat, amelyek részben kitalációmból erednek. **Nekem a víz a „mennybemenetelt" jelenti**. Ebben a közegben kisebb a súlyom, nem fáj semmim. Vízjegyű vagyok, így ez érthető.

Mindig a korosztályomnak megfelelő sportot űztem. Számos sportág kipróbálása után nagy „szerelmem" maradt a szörfözés. Ezt negyvennégy évesen tanultam meg, és öt évig legyőzhetetlen voltam a megyei bajnokságokon. Szenior úszóversenyeken is indulok. Életem során már hat kerékpárt koptattam el, mivel télen-nyáron ezzel járok, napi 10–15 kilométert tekerek. Eközben olyan szabadságérzetem van, hogy néha úgy érzem, mintha madár lennék.

A sport segítségével másokhoz képest eltérő életritmust tudtam kialakítani. Szoros időbeosztásban élek, de úgy, hogy ez nem teher, szokásommá vált. Korán kelek, mindenre van időm, mert ezt szoktam meg egész életemben. Hat óra az alvásigényem, ezért tudok több mindent elvégezni. Nem lustálkodom, mindig hajt a vágy a következő kihívás teljesítésére. Persze, a sikernek ára van. Senki sem kerülheti el a sorsát. De a szervezet egy fantasztikus óramű, és jelez, ha pihenésre van szüksége.

Monspart Sarolta tájfutó világbajnok szerint háromhetes ciklusban éljünk. Első hét ráhangolódás, második lehet éles, míg a harmadikban aktív pihenéssel lazítsunk. Ehhez az életformához Mészáros Gyula lovas edző ajánlása lehet támpont.

"Elfogadom a jót, csinálok belőle jobbat, és keresem a legjobbhoz vezető utat."

Tissié „Az elfáradás és a testgyakorlás" című könyvében már 1898-ban megfogalmazta a *Testi derékség* szempontjait: magabiztosabbá, többet tűrővé, bátrabbá, erősebbé teszi az embert.

Az elfáradásról pedig a következőket vallom: a kis fáradtság vagy elbágyadás, az jó. Az izgató fáradtság, az nem jó. A lesújtó fáradtság egyenlő az öntudatvesztéssel.

Saját gondolatom szerint nem elég az, hogy csak önmagunknak mozogjunk. Mozgásunkkal legyünk hasznosak és példamutatók. **Hagyjunk magunk után üzenetet az utókornak,** mert mi már kipróbáltuk, hogy mi a jó, és mit nem szabad végezni. Vagy megfogadják, vagy nem, de mi legalább megtettük, amit akartunk. **Fontos, hogy mind több és több ember mozogjon, érezze jól magát.**

A szokás nagy úr, ezért a szervezet kívánja a mozgást. Sérülés esetén hamarabb visszaáll a betegség előtti állapot. Ezt magam is átéltem. Csípőműtétem után két hónapra már bicikliztem az utcán. Először csak öt centire tudtam felemelni a lábamat a pedálra, aztán minden nap két centiméterrel magasabbra, végül a harmadik hónapban már tökéletesen bicikliztem. Nem féltem a mozgástól, úsztam, vízben tornáztam. A masszőr is sokat segített, hozzá heti rendszerességgel járok azóta is.

Ezt a gyors felépülést a sportnak köszönhetem, mert még **hetven éven felül is büszke lehetek az állóképességemre és az izomzatomra,** amit viszonylagosan jó esztétikai szinten tudok tartani. Karizmom karbantartására, hogy ne lógjon a bőr, egykilós súlyzóval napi 50–100 hajlítást végzek. Nem is gondoltam, hogy ilyen korban is van egy kis eredmény. Ez a mozgás, ha mást nem, belső békességet okoz. Az a legfontosabb, hogy béke legyen bennünk, mert akkor másokat sem bántunk. Ilyen egyszerű az egész.

Ám, ha nem rakunk a tűzre, nem ég! Ezt el lehet mondani nyugdíjas korunkban is. **Tűzrakókra pedig szükség van!**

Mivel negyven éve vagyok idézetgyűjtő, Fekete György szavai szerint igyekszem élni, és ezt másoknak is tanácsolom: *„Úgy kell élni, hogy örömet okozzon a lét".*

Aquafitness

Rák, baleset és csípőműtét után

"Az életem csodálatossá vált a vízben elvégezhető, szárazföldön elképzelhetetlen gyakorlatok által."
(Dr. Szeszák Ferencné, Debrecen)

Vízben könnyebb

Pedagógus végzettségű nyugdíjas vagyok. Szüleimtől – többek között – két hozományt kaptam: a rossz ízületeimet és a sportimádatomat. Negyven éves koromig két fiúgyermekünk tőlünk tanult meg korcsolyázni (egyik országos bajnok is lett), úszni, szörfözni. A világ összes óceánját, tengerét végigjárták. **Családunk szenvedélye volt a sport, minden programunkat ennek rendeltük alá.** Én 10–15 Celsius-fokban is mindennap kijártam a debreceni strand nyitott uszodájába. Harmincnégy évig dolgoztam a debreceni egyetemi könyvtárban. Imádtam a munkámat!

Negyven évesen jött a fordulat: reumakórházba kerültem, ahol kímélő életmódot javasoltak egész életemre. Elszakadtam családomtól, krízisbe kerültem. Az orvos utasítására más örömöket kerestem az életben: séta egyedül, gyógytorna, zenehallgatás, olvasás. **Egyre mélyebbre kerültem.** A boldog családi életem mellett engem is elért a rettegett kór: ötvenhárom évesen rosszindulatú mellrákom lett. Kemoterápia, sugárterápia, közben egy iszonyatos autóbaleset. Csodálatos módon túléltem, többszörös bordatöréssel, eszméletvesztéssel. **Úgy éreztem, vége lett az életemnek.** Nagyon erős, nagyon optimista jellem vagyok, gyakorlatilag végig dolgoztam a betegségem alatt. A kezelések hatására a baleset következményeként úgy éreztem, **soha többet nem tudok mozogni**. De jött a mentőöv Vojnitsné Bánáti Edit testnevelő tanárnő személyében. Elmagyrázta az akkoriban induló aquafitness előnyeit. Kipróbáltam! **Csodálatosan éreztem magam az újra elérhető mozgásterápia hatására.** Pár hónap után már hetente három alkalommal részt tudtam venni a foglalkozásokon. A mozgás hatására normalizálódott a vérnyomásom, felfrissültem, hihetetlen volt számomra, hogy **minden ízületem kilazult,** az akkor született unokámat gondoztam, emeltem, sétáltattam, nem volt szükségem fájdalomcsillapítóra. **Tíz évet fiatalodtam.** Viszont az előzetesen szedett sok gyógyszer mellékhatásaként tönkrement a csípőízületem, hatvan éves koromban csípőprotézis műtétem volt. Úgy néztek rám, mint egy ufóra, amikor a gyógyfürdőben műtét előtt és után az aquafitness eszközeit használtam erősítésre. Nem hiába, mert használtak!

Köszönöm Vojnitsné Bánáti Editnek, hogy megismertetett ezzel a módszerrel. Szakszerű vezetése, kisugárzása, segíteni akarása által egy összekovácsolt, jó hangulatú közösségben élhetek, s az életem csodálatossá vált a vízben elvégezhető, szárazföldön elképzelhetetlen gyakorlatok által.

Aviva hormonszabályozó torna

Mérsékli a klimaxos panaszokat

"Nőknél a petefészek, a férfiaknál pedig a prosztata működését támogatja jótékonyan."
(Tóth Lívia, Budapest (1941–2014))

Tóth Lívia lefordíttatta Aviva könyvét

Az Aviva módszert nőgyógyászati problémáim miatt tanultam meg. 1998-ban elutaztam Tel-Avivba Aviva Steinerhez, hogy elsajátítsam a gyakorlatokat, amelyekről már annyi jót hallottam barátjától, Sik Tomától, aki személyesen ismerte Avivát. Mivel megtapasztaltam, hogy mennyit javíthatunk egészségünkön a mozgás és a torna segítségével, szerettem volna az egészségügyi problémákkal küzdő nők sokaságán ezzel a lehetőséggel is segíteni. Aktív **szerepet vállaltam az**

Aviva könyv magyarra fordításában, kiadásában, a zenei kazetta összeállításában. Ennek érdekében többször utaztam Izraelbe saját pénzemen. Úttörő munkám nem volt akadályoktól mentes, hiszen erről a módszerről addig még nem hallottak Magyarországon. Kitartásomnak köszönhetően azóta már **nálunk is több ezren értek el eredményt az Aviva módszerrel,** és egyre több helyen tanulhatják meg az elméleti és gyakorlati ismereteket az általam képzett oktatóktól.

Ez a torna nemcsak az inkontinenciát szünteti meg, hanem segíteni tud szinte minden **nőgyógyászati** betegségen. Harmonizálja a hormonháztartást, megszünteti a cisztás, miómás energia blokkokat, kinyitja az elzáródott petevezetéket. Több tanítványomnak lett általa kisbabája, sőt még a férfiaknak is nyújt helyrehozó gyakorlatokat az impotencia és **prosztata** gondokra.

A Fazekas Gabriellaként anyakönyvezett Aviva Gabriella Steiner budapesti születésű hölgy szülei vegetáriánus, természeti törvényeket betartó életmódot éltek, az ország élsportolói közé tartoztak. Az ötéves korában ismeretlen betegséget kapott **kislányukat tornagyakorlatok segítségével kezelték.** A kis Aviva ezt a mozgásszeretetet megőrizte, és háborúban megölt szülei nyomdokaiba lépve, Izraelben színésznői és operatáncosnői karrierjéről lemondva testnevelőként egy **speciális mozgásprogram kifejlesztésének szentelte életét.** Kezdetben csupán jó közérzetet, egészséges vázizomzatot ajánlott tanítványainak, de egy véletlen **a nők megmentőjévé tette őt.**

Történt ugyanis, hogy egy idősebb résztvevőkből álló csoport tagjaiból az egyik órán csak a két, hetven éven felüli jelent meg, míg a többiek menstruációjukra hivatkozva maradtak távol.

– Hogyan jelentkezhetett a havi ciklus egyszerre mindenkinél? – ütött szöget a gondolat az oktató fejébe. Szisztematikusan kezdte vizsgálni az általa alkalmazott mozgások élettani hatását, és hosszas kísérletezéssel **kidolgozta a női és férfi hormonok karbantartásának üdvözítő tornáját.**

Az Aviva-módszer tizennyolc mozgássort tartalmaz, amelyet meghatározott ideig a gyakorlat stílusához alkalmazkodó zenére végeznek a résztvevők. Leghangsúlyozottabban a medence tájékot, az úgynevezett „dolgozó zónát" foglalkoztatják, aminek hatására mindenkinél rendezi az életkori sajátosságainak megfelelő problémákat. Vagyis, **szabályozza a menstruációs ciklust,** mérsékeli a klimaxos panaszokat. Nőknél a petefészek, férfiaknál pedig a prosztata működését támogatja jótékonyan.

A huszonnyolc éves kutatómunka eredményeként a mozgássor **tartalmaz egy pánikgyakorlatot is.** Ezt akkor végezhetik el a nők, ha a huszonnyolcadik napon nem jelentkezik a menstruációjuk. Ez a hatás forradalmi találmánynak tűnik, de külföldön már évtizedek óta alkalmazzák sikerrel, és **eset-tanulmányok igazolják eredményességét.**

A nőgyógyász ajánlotta a módszert

„Első eredménye egy rendezett menstruációs ciklus lett."
(Scheller-Papp Renáta, Pilisvörösvár)

Matyi, az Aviva-bébi

Már bő **fél éve szerettünk volna babát,** és hiába tudtam, hogy ennyi próbálkozás még belefér, nem nyugodtam, minden lehetőségnek utána néztem. A ciklusom sohasem volt teljesen rendben. Lívia előadása után szorgalmasan gyakoroltam otthon, aminek az első eredménye egy **rendezett menstruációs ciklus lett,** illetve az, hogy elkezdtem érezni, mi történik a testemben. **Éreztem a peteérést,** amit azelőtt sohasem. Három hónap torna után, augusztus 19-én lett pozitív a teszt, és 2011 áprilisában **megszületett a kisfiam**, Matyi.

Nagyon hálás vagyok Líviának, és azóta is többeknek ajánlom a tornát.

Váratlan halála nagy veszteség valamennyiünk számára, és remélhetően lesznek, akik folytatni tudják az általa megkezdett utat.

Csikung

Csodavárás és gyógyszer helyett

„Legjobb referencia maga az ember."
(Balogh András, Hajdúböszörmény)

Világrekord döntők (Balogh András az első sorban, bal szélen)

Negyvennyolc évesen döntöttem úgy, hogy változtatok az életmódomon, táplálkozásomon, és lehetőségemhez mérten **másokat is segítek a szemléletváltoztatásban.**

Húsz éves koromban távolították el az egyik vesémet, de a megváltozott állapotomat nem vettem komolyan. Dolgoztam tovább keményen a kereskedő szakmámban: nem kíméltem magam. A nagy hajtás eredményeképpen agytörzsi működési zavar, magas vérnyomás lépett fel, ízületi és izomfájdalmak gyötörtek, **szinte emberi ronccsá váltam.**

Szerencsésnek mondhatom magam, mert olyan orvoshoz kerültem, aki mindent elkövetett, hogy újra magamra találjak, talán még több is legyek, mint betegségem előtt.

A hajdúböszörményi Kiss Erzsébet ideg- és elmegyógyász ébresztett rá arra, hogy nem elég a gyógyszert szedni és várni a csodára, hanem nekem is hozzá kell tennem a felépülésem érdekében valami pluszt, hiszen **orvosaim és családom mindent megtett a gyógyulásom érdekében.**

A csökkent működésű testrészeim teljes értékűvé tétele érdekében felnőtt fejjel, nagy kínlódások árán tanultam meg úszni. A doktornő tanácsai alapján **átszerveztem az életem, új célokat tűztem ki.** Olyanokat, amelyeket meg akartam és meg is tudtam valósítani, mint például az egészségtudatos életformát. Fokozatosan csökkenthettem a napi gyógyszeradagom, amit később felcseréltem természetes alapanyagú, jó minőségű étrend-kiegészítő készítményekkel.

Önképző tanfolyamokon képeztem magam. Megtanultam a talp- és szeretet-masszázst, amelyeket családtagjaimon alkalmaztam. Sikerorientációs képzésekre, tréningekre jártam és járok folyamatosan.

Amikor már úgy éreztem, hogy tapasztalataimat megoszthatom másokkal is, **egészségőrző klubot hoztam létre** saját lakásomban, ahol orvosokat, természetgyógyászokat kértem fel előadások megtartására.

Az újabb lépés kezdete 2002 volt, amikortól folyamatosan kezdtem el fejleszteni az egészségőrző csapatom. Tagjai hozzám hasonlóan gondolkodnak az egészségtudatos életről. **A csoport létszáma 2013-ra háromezer főre gyarapodott.**

Egészségvédő klubjainkban már nem csak Böszörményben, hanem vidéken, Létavértesen, sőt az ország más városaiban is szervezünk előadásokat, foglalkozásokat.

Hatvanadik életévemen túl **hangsúlyozom a mozgás fontos szerepét** a betegség megelőzésében, valamint az egészségmegőrzésben.

Hitem szerint a mozgás nem csodaszer, hanem az élet természetes része. Minden életkorban érték, egyébként pedig különösen nélkülözhetetlen az egészséges ifjúság nevelésében, mivel a testmozgás serkenti a növekedést, a testi érést, formálja a személyiséget, és befolyásolja az egész életmódot.

Testmozgásra koncentrálva 2010 óta hetente rendszeresen tornázunk a klubunkban. Abban az évben sajátítottuk el dr. Robert Lyons szellemi útmutatása alapján a 8 brokát tekercs kínai csikung gyakorlatsort, Serflek József Sifu mester irányításával. Részesei voltunk Budapesten, a Puskás Ferenc Stadionban október 10-én annak a **sikeres rekorddöntésnek,** amikor 2010 regisztrált résztvevő mutatta be egyszerre a mozgássort fehér öltözékben. Azért találom hasznosnak a csikung gyakorlatokat, mert rohanó világunkban elfelejtettük a helyes légzéstechnikát, a bennünk rejlő energia kedvező irányba fordítását. Időközben rájöttem, hogy **az ember felelős önmaga egészségéért, környezete állapotáért.**

Egészséges, sikeres embernek érzem magam, szeretem a munkámat, a családomat. Szeretném, ha ezek az értékek másoknak is ugyanilyen fontosak lennének, mint nekem. Ezért vállalkoztam a történetem megosztására.

Hitelességünk érdekében legszívesebben saját példámat állítom embertársaim elé, mivel azt vallom, hogy bármely módszer ajánlásánál a legjobb referencia maga az ember. **Nem az számít, hogy milyen helyzetbe kerülünk, hanem az, amit a nehézségek legyőzése érdekében teszünk.**

Aki változni, változtatni szeretne élethelyzetén, ne szomorkodjon, itt az elérhetőségem, segítek.

+36 70/457–2721
Email:justnarin.baloghandras@axelero.hu

Csikung

Ne várjuk meg a belső orvos kimerülését!

„Nekem kell felelősséget vállalni magamért."
(Szűcs Gyöngyi, Debrecen)

Szűcs Gyöngyi az egészséges módszereket hirdeti (jobbról)

Szeretett édesanyám hirtelen súlyos betegségbe esett. Rendszeres orvosi ellenőrzések és kezelések mellett és alatt, mint kiderült, daganatos beteg lett, amit az utolsó stádiumban vettek észre. Orvosai közölték velünk, hogy nincs mit tenni, a rák ma gyógyíthatatlan. Szinte fel sem tudtam fogni, csak valami hajtott, hogy biztosan lehet valamit tenni.

Nem maradt más hátra, mint alternatív életminőség-javító módszerek után nézni. Az ehhez szükséges szerteágazó ismereteket folyamatosan, fokról-fokra megszereztem, és alkalmaztam saját egészségem és később már mások érdekében is.

Így kerültem 25 éves koromban kapcsolatba a gyógynövényekkel, a zöldséglé-kúrával, a talpmasszázzsal, a húsmentes táplálkozással, az illóolajokkal, a kristályokkal, és még sorolhatnám, de sajnos **a harcot akkor elveszítettük**.

Ezután rövid időn belül a nagy lelki terhek után én is súlyos beteg lettem, egy vírusfertőzés majd autoimmun-folyamat következtében – aminek azért volt egy kis előzménye az asztma, majd allergia képében. A kórházi kezelések kiegészítéseként csekélyke erőmmel hozzákezdtem talpam masszírozásához. Hamarosan egyre javult az állapotom, hála kedves orvosaim hathatós segítségének, a természetes kiegészítő gyógymódokat is pártoló hozzáállásuknak, és **egy év alatt, nagy erőfeszítések árán sikerült felépülnöm**.

Az önmagamért végzett egészség-helyreállító munkámban nagy segítségemre volt még két hobbim, a túrázás és a kertészkedés.

Az év nem telt tétlenül. Fizikailag már szinte teljes életmódváltást hajtottam végre: táplálkozás, méregtelenítés, mozgás, légzés, pihenés, relaxáció, meditáció, hobbi tekintetében. Viszont „hagyatékom" fényében **tudtam, hogy a lelki egészségem helyreállítása is fontos feladat**. Első segítségem ezen az úton *Luis L. Hay Éld az életed* c. könyve, amit mind a mai napig számtalan hasonló témájú személyiségfejlesztő könyv és képzés követett, amelyek biztos kézzel vezettek spirituális fejlődésem útján. Két lábbal a földön állva is **vonzottak a működőképes, öngyógyító módszerek**. Tizenöt évig főként ezek a tanulmányok, képzések és kutatások kaptak helyet az életemben.

Egy újabb magánéleti krízis idején **hirtelen szklerózis multiplex (SM) tünetekkel kellett szembenéznem, újabb leckét kapva az élettől**. Az SM-tünetek nem olyanok, hogy ráérünk csak szabadnapokon kicsit odafigyelni magunkra, vagy csak néha kicsit másként élni, mint azelőtt. Itt teljes mellbedobással, következetesen és alázatosan, tiszta szívvel kell keresni az utat. Márpedig „az út maga a cél"!

Sürgősen feltérképeztem a kilátásokat. Ezek a problémák orvosilag gyógyíthatatlannak minősültek, valamint a kiváltó okai sem ismertek. Úgy láttam, hogy **nekem kell felelősséget vállalni magamért**, és fel kell deríteni, hogy merre tovább, ha nem felel meg számomra a betegség állapota, és egészségesen szeretnék élni.

Egyre jobban vonzott, hogy megismerjem szervezetem energetikai működését és az ezzel kapcsolatos összefüggéseket. A Tao megfigyelései, filozófiája, illetve a hagyományos kínai gyógyászat különféle ágainak megismerése és az öt elem tana segített, egyfajta magabiztosságot adva abban, hogy a betegségből való kiutat ne csak keressem, hanem egyre inkább meg is találhassam. **A változást ne kívül keressem, hanem saját magamban.**

Egyik kedvenc tanulmányom szerint Brandon Bays hasonló esetben azt mondta magáról: *„az én betegségem nekem ajándék, engem akar az én lelkem általa tanítani".*

Nagy erőt adtak még dr. Eőry Ajándok professzor tanításai: *„Ha a beteg fejéből kiveszed a betegségtudatot, a beteg meggyógyul".*

Dr. Domján Lászlótól pedig ezt alkalmazhatjuk: *„amire folyton koncentrálunk, az nő, gyarapodik. Ahol a figyelem, ott az energia".*

„Ha nem vagy kész változtatni az életeden, nem lehet segíteni rajtad!" – mondta Hippokratész. Viszont minden változáshoz többletenergia kell. Ezért maradnak „helyben" az állandó fogadkozók: most pedig lefogyok, mostantól sportolok, holnaptól egészségesen élek. Ha csak valami energiatermelő gyakorláshoz nem folyamodnak, amit rendszeresen alkalmaznak életükben, nem jutnak előre.

A hobbi szintű kutatásokat, vizsgálódásokat, ismeretszerzést az 1990-es évek végétől hivatalos, **szakvizsgákkal egybekötött képzések, tanulmányok követték.** Többek között a reflexológia, akupresszúra, fitoterápia, fül akupunktúra. Az alternatív mozgásterápiák közül a jóga, a Csikung, a Tai Chi és ezeknek többféle változata, a különféle iskolák módszerei szerint. Alkalmazom a tibeti hangterápiás relaxációt.

Az utóbbi években többek között **Nordic Walking tréneri, majd MediBall oktatói képesítéseket szereztem.** Kedves szakterületté vált számomra a rekreációs mozgásprogramok vezetése. Azt tapasztaltam magamon, hogy a tömény programok véghezviteléhez **jó időbeosztás és elszántság szükséges.** Ugyanis egy nap 24 órájához képest az ezen a téren végzett csekélyke munkánkat a test ezerszeresen hálálja meg! SM betegségem továbbra is kimutatható orvosilag, mivel hol itt, hol ott lobbanhat fel a gyulladás. Ilyenkor nekem kell megtalálni a kezelését a terhelések megválasztásával. Ezért **naponta beiktatok életvitelembe az állóképességet és kedélyállapotot fokozó, testet-lelket regeneráló módszereket.**

Az orvostudomány az utóbbi 20 évben óriási mértékben fejlődött, diagnosztikai és holisztikus kezelési eljárásai nélkülözhetetlenek. Mégis időszerűnek tartom felhívni a figyelmet Paracelsus szavaira: fizikai és lelki teherrel járó életünkben ne várjuk meg a „belső orvos" kimerülését. Ha esetleg kételkednénk a gyógyulásban, a Tao azt mondja: legyünk erősek, semmi sem lehetetlen! **Az egészségünk nem játék, bánjunk vele felelősséggel!** Halogatás az egészség terén nem létezhet!

Etka-jóga

A mozgástól eltiltva éltem

„Ötvenöt éves koromtól kezdtem az életmódom megváltoztatni."
(Kártyikné Benke Etka Anyó, Szeged (1920–2013))

Etka Anyó (balról a harmadik) családjával

Ha a Taigetosz még divatban lett volna a születésemkor, akkor engem bizonyára ledobtak volna. Sokat szenvedtem életemben, míg elérkeztem odáig, hogy élvezzem a létezésem, a mozgásom, és ezt másokkal is meg tudjam értetni.

Kiskunhalason születtem, 1920. január 1-én. Szüleim, Farkas Viktória és Benke Lajos, jó körülmények között éltek gazdálkodóként. Sok embernek adtak, teremtettek munkalehetőséget, akikkel ők is együtt dolgoztak. Mindketten sokoldalú, sok irányban érdeklődő, színes egyéniségek voltak.

Elsőszülött gyermekként jöttem e világra, öten voltunk testvérek, engem és testvéreimet is az élet, **a feladataink, egymás, a másik ember szeretetére, tiszteletére, megértésére neveltek.** Bennünk, gyerekekben is kifejlődött a sokoldalú érdeklődés az állandó tanulás, a továbbfejlődés irányában. Hivatalosan a tanulást hat évesen kezdtem, és a kötelezőnél mindig többet szerettem volna tudni mindenről.

A hagyományos iskolák elvégzése után a saját érdeklődésemnek megfelelően a képzőművészetet sikeresen gyakoroltam a Képzőművészeti Főiskola esti tagozatán. Az akkori József Attila Szabadegyetemen a művészettörténet, az irodalom, a különböző világnézetek, filozófiai irányzatok és a nyelvtanulás kötötte le a figyelmemet. **Legtöbbet saját tapasztalatból, autodidakta módon értem el.**

Gyógyíthatatlannak tartott szervi szívbetegség miatt tornától, futástól, emeléstől, lépcsőjárástól eltiltva, **állandóan gyógyszereken éltem.** Harmincéves koromtól ez még „fűszereződött" kínzó, vissza-visszatérő ízületi gyulladásokkal, epe-, illetve idegrendszeri problémákkal, anyagcsere- és alvászavarokkal. A legkisebb fizikai megerőltetést igénylő munkát is mindig a szüleim és a testvéreim végezték helyettem. Később a férjem és a kislányom, vagy ha dolgoztam valahol, a munkatársaim. Évtizedekig nem élhettem úgy, hogy legalább egy kicsit valahol ne fájt volna valamelyik testrészem. **Sokszor nem bírtam önállóan megmosni a nyakam vagy megfésülködni.**

Ötvenöt éves koromtól kezdtem az életmódom megváltoztatni egy véletlen találkozás következtében. Szegeden a gőzfürdőben próbáltak a szakemberek tákolni. Akasztottak, injekcióztak, masszíroztak. Egyik alkalommal valaki a medence szélén ült lótuszülésben. Meglepődve kérdeztem tőle, hogy mit csinál, mire azt válaszolta, hogy jógázik. Az illetőt dr. Kenyeres Károly szabadította meg a kilenc évig tartó ágyhoz kötöttségétől. Gondoltam, nekem sincs veszíteni valóm, és felkerestem a jógamestert. **A Kenyeres-féle terápia egy év alatt engem is teljesen megváltoztatott.** Segítségével sok mindenbe betekintést nyertem, majd saját módszerem alapján elsajátítottam az élettanilag helyes légzést, a táplálkozást, a koplalást, a belső szervi tornát, és nem utolsósorban a gondolatirányítást.

Ötvenöt évig éltem betegségtudatban, majd megtanultam betegség, fájdalom és szenvedés nélkül élni. **Hatalmas szenvedéllyel és akaraterővel vetettem rá magam minden olyan tanításra, amely az emberi test és elme fejlesztésével foglalkozott.** A tenyérjóslástól a kézrátételen keresztül a csillagászatig mindenről tanultam, az összes elérhető keleti-nyugati szellemi és fizikai mozgáskultúrát kipróbáltam. Úgy éreztem, hogy még mindig kell lennie valaminek, ami hiányzik a megismert tanításokból. A kicsi csecsemők, a kisgyermekek és más gerinces élőlények mozgásának megfigyelése után felismertem, hogy igen, azt a velünk született ősi természetes légzést-mozgást, amit minden más élőlény létezése végéig megőriz magában – a kisgyermek is néhány évig –, mi, emberek a felnőtt korra elnyomjuk magunkban.

Erre volt szerencsém rájönni, hogy **az ősi adottságunkat hogyan tudjuk megőrizni vagy újra kifejleszteni, kortól függetlenül!** Állandóan ugyanúgy, mint egy egészséges kisgyermek érezni és élvezni a frissességet, rugalmasságot, derűs életkedvet, ami a mi valódi lényegünk, amivel mindannyian rendelkezünk!

Nagy szükségünk van arra, hogy mindenkit meghallgassunk, de az igazi segítő, a nagymester nagyon közel van hozzánk, a saját értelmünkben, intelligenciánkban keresendő.

Nagyon nagy szükség van arra, hogy segítsük egymást, de azt sohase várjuk, hogy a másik ember azt is megtegye helyettünk, ami csak akkor hat ránk, ha mi tesszük. Például **a másik ember leveheti a fejem, de a helyére csak magam tehetem!**

Egészen rövid időn belül lettem tanítványból tanító. Dely Károly fedezte fel a tanításra való hajlamomat, és biztatására kezdtem bővíteni ismereteimet hazai és külföldi szakemberektől, könyvekből. Mások gondolatai arra voltak jók, hogy újakat ébresszenek bennem.

Hetvenhárom évesen tanultam meg korcsolyázni. Néhány év elteltével elérkezettnek láttam az időt, hogy a görkorcsolyával is barátságot kössek. Igaz, ez a kalandom kartöréssel színeződött, de oly' hamar összeforrt tudatos, irányított légzőgyakorlatok alkalmazásával, hogy azon még az orvosok is csodálkoztak.

Néhányan azt is megkérdezték, hogy van e még, amit nem tudok? Erre azt válaszoltam, hogy szerencsére, mert különben szörnyen unalmas lenne az életem.

A másik szokványos kérdésre, szeretnék-e ennyi tapasztalat birtokában fiatalabb lenni, azt válaszoltam, nem, csak egyre öregebb.

Nyolcvan felett is képes voltam megvalósítani terveimet. Rengeteget írtam.

A folyamatos fejlődés hozzásegített ahhoz, hogy tökéletesítsem gyakorlataimat, és 2003-tól már az Etka-Jóga Erőgyűjtő módszert oktattam. Emlékeztetőül ezt a kis rigmusba szedett örök igazságot hagytam az utókorra:

**„Ott leszek a tudatodban,
Levegőt, ha jól veszed,
Gerinced, ha könnyen mozdul,
És a mozgást élvezed."**

Módszereim hozzáférhetővé tettem kisgyermekek és a felnőtt korosztály számára egyaránt. Megalakítottam az Etka-Jóga Nemzetközi Egyesületet, oktatókat képeztem. Ezekhez a feladatokhoz életem utolsó tíz évében sikerült kinevelnem **utódomat, Andrássy Évikét.** Őt bíztam meg szellemi örökösömként a kiadványaim kezelésével, az ismeretek terjesztésével, mivel, mint saját gyermekemre, számíthattam rá személyes ügyeim intézésében. Mindenhová elkísért engem, bel- és külföldi táborokba, előadásokra.

Csak humorral tudtam elütni azt a szokványos kérdést: mi a hosszú élet titka?

– Ne hagyjuk abba a légzést!!!

Etka-jóga

Kopunk, öregszünk, de fájni nem kell

„Mindannyian felelősek vagyunk a saját egészségünkért."
(Császárné Benke Mária, Szeged)

Sokan igénylik Császárné Benke Mária tanácsait

Kiskunhalason láttam meg a napvilágot, 1925. október 27-én. Miután Etka nővérem ötven felett kilábalt a veleszületett és élete során összegyűjtött betegségeiből, elkezdett engem is nevelgetni. Abban az időben **vadabbul elhárító senki sem lehetett, mint én**, ahogyan visszautasítottam drága testvérem, Etka segítő szándékát. Pedig rá lettem volna szorulva, mert akkorra az én egészségem is megromlott: ahogy ironikusan fogalmaztam, **a hajamon kívül mindenem fájt,** mégis ostobának véltem tanácsait. A legsúlyosabb a fejfájásom volt. Eszméletvesztéseim egyre gyakoribbá váltak, ő meg azt emlegette: meg kellene tanulnod lélegezni, hagyj fel a húsevéssel, és tornáznod is kellene. Ezek a tanácsok az akkori felfogásomtól és a felsőfokú egészségügyi végzettségem tanulmányaitól igen csak messze álltak. Lélegezni tanulni? Amikor belső szerveink spontán működnek? Ha nem eszünk húst, miből nyerjük az életfontosságú aminosavakat? Hogyan tornázzak, amikor bal térdem négy centivel vastagabb, és minden porcikám fáj?

Aztán mégis követtem, amikor már nem volt más választásom, tehát **„csak" az életemet köszönhetem neki**.

Az idő aztán bebizonyította: az igaz, hogy kopunk és öregszünk, csak az nem igaz, hogy ezért fájnunk is kell. A Jóisten az embert olyan csodálatosan alkotta meg, hogy ha nem rongálnánk, nem lenne annyi szörnyű betegség, emberi gyötrelem. **Az ember teszi tönkre önmagát is, és a természetet is,** pedig ha nem tenné, akkor utódainkra szebb, jobb világot hagyhatnánk.

Itt az idő a pálfordulásra, tápláljuk be a tudatunkba: mindannyian felelősek vagyunk a saját egészségünkért. Az az ember, aki egészségesen született, és fizikai sérülése sem lett, **általában a helytelen életmódja következtében betegíthette meg magát.** A gondolatainkkal is kegyetlenül sokat árthatunk önmagunknak.

Sokan szenvednek a saját fantáziájukban megjelenített képzetektől, attól, hogy mit gondol róluk a másik ember. Pedig mindenkinek tudnia kell, hogy **nem a másik ember gondolata árt neki, hanem a sajátja.**

A negatív gondolatok negatív érzést okoznak. Gondolatainkkal testi-lelki egészségünket igen magasra vagy igen mélyre tudjuk vinni. Az agresszió agressziót szül, míg a türelem és a szeretet hatalma olyan óriási, amivel hosszú távon minden rosszat legyőzhetünk.

Amikor kimondom: szeretem magam, ez nem feltétlenül jelent önimádatot. Azt jelentheti, hogy óvd, jobbítsd és tartsd jó szinten testi és lelki egészséged, hogy valóban hasznára tudj lenni a családodnak, és ne feszültséggel, stresszel teli állapotban próbáld teljesíteni a munkahelyi feladataidat.

Egyet lehet-e érteni azzal az édesanyával, aki önkontroll nélkül hajtja magát a családjáért? Ha ugyanis legyengíti önmagát, hasznára tud-e lenni szeretteinek? Vagy **az a nagyszülő, aki nem törődik magával, hamar jut arra a sorsra, hogy nem segítséget nyújthat, hanem segítségre szorul.**

Néha az is elhangzik manapság: ha az orvos nem tud segíteni, majd a természetgyógyász segít. Véleményem szerint mindkettőnek megvan a saját helye, és az a jó, hogy egyre több orvos veszi komolyan a természet gyógyító erejét. Nekünk pedig érdemes tudni, hogy mindkettőre szükség van, sőt azt is, melyikre mikor. Amikor nem sikerült úgy élni, hogy elő ne forduljon valami komoly probléma, akkor orvosi segítség nélkül is helyre kell tenni magunkat. Viszont, **ha szükség van gyógyszerre, akkor ne utasítsuk azt el.**

Ha nincs szervi betegségünk, akkor is fájhat az élet, mert az évek folyamán **egyre többet ártunk magunknak rossz testtartással,** nem a saját biológiai szükségletünkhöz igazodó táplálkozással, helytelen légzéssel és gondolkodásmóddal. Az évek alatt sok emberrel találkoztam, akiket végtelen szeretettel sikerült irányítgatni, hogy gondolataikkal ne a leépülésüket, hanem az egészségük javítását segítsék.

Ha a szeretetnek nem lenne ekkora hatalma, akkor én már régen nem lennék, ahogy sokan nem élnének azon több ezer ember közül sem, akiknek az évtizedek alatt segíteni tudtam.

Miután nyolc év alatt rendbe hoztam magam, a könyveimen, kazettáimon, táboraimon keresztül én is **beálltam az életmentők sorába.**

Három könyvem közül az első, **Életünk és ételünk** címmel 180 ezer példányban talált gazdára. Tyúkanyóként nevelgetem csibéimet, személyes példamutatással.

Kilencvenedik életévemben is szigorú napirend szerint élek. Reggel öt órakor kelek. A fürdőszobai teendők elvégzése után 312 meridián gyakorlatot végzek, majd pihenés gyanánt hasi légzéssel nyugtatom magam. Két kilométert gyalogolok a friss levegőn, és nyolc órakor reggelizek. **Naponta 10 kilométert tekerek a szobabiciklimen**, forgalomba már nem szívesen me-

gyek. Testalkatomra azt mondják, nem szép, gyönyörű. Elölről koromnak megfelelő számadatot mondanak, hátulról negyven évesnek saccolnak. Dolgozom is magamon változatlanul. Vigyázok a táplálkozásomra, jól vagyok, nem fáj semmim. Nem őszült meg a hajam. Sokan felkeresnek, igénylik a tanácsaimat. Sok szeretetet kapok, törödnek velem, bevásárolnak, visznek a fürdőbe, így boldog, egészséges életet mondhatok magaménak.
„**Marika autót vezet, fejen áll, tanít, könyvet ír**, úgy mozog, mint egy profi tornász, és ami fő, egészséges. Ilyen öregasszonyos példát mutat nekünk hetvenhét évesen a fájós derekú, nehezen mozgó, túlsúlyos, itt is fáj, ott is fáj öregasszonyos perspektívával szemben. Tartása könnyed, járása, hajlékonysága, örök mosolya, jókedve bizonyítja, hogy mi is lehetünk ilyenek, akár hetven éven felül is" – írta évekkel ezelőtt dr. Novákné dr. Hajdú Éva a szerzőről az egyik receptes könyve előszavában.

Etka-jóga

Az újjászületéshez vezető út

„A világon minden élőlény ugyanabból a kozmikus térből fedezi létszükségletét."
(Demeterné Magyar Piroska, Edelény)

Demeterné Magyar Piroska Etka Anyóval és unokáival

Etka Anyó módszerének elkötelezett híve vagyok 42 éves koromóta. A 70. életévemet 2013. október 17-én töltöttem be. Az Etka-jóga által fordult az érdeklődésem más egészségmegőrző módszerek felé is. Az úton a bal lábamban jelentkező fájdalom indított el, amit körülbelül két évig tűrtem, és orvoshoz csak akkor fordultam, amikor már nem bírtam a kínokat.

Az ideggyógyász orvos kórházba utalt, ahol három hétig kaptam kezeléseket, ám a fájdalom csak körülbelül a felére enyhült.

Fekvő helyzetben jól éreztem magam, de **tartásom, munkabírásom nem volt**. Két gyermekemnek akkor még szüksége volt az anyai segítségre, ezt akkor nem tudtam biztosítani. Szerencsémre ettől az élethelyzettől megijedtem, és egyben felismertem azt, hogy a sorsomat a saját kezembe kell venni.

Kutattam, hogy **kitől kérhetek hatékony segítséget, tanácsot**. Aki az utamba került, értő figyelemmel meghallgattam. Idősebb Schirilla György tanácsaiból megfogadtam a növényi táplálkozásra való áttérést, és azt, hogy erőnlétünk fenntartása érdekében **sokat guggoljunk**. Ezt esténként végeztem a televízió előtt, és az erőm lassan, fokozatosan gyarapodott.

Benke Etkát is a képernyőn láttam először. A vele készült riportból azt éreztem, hogy ő lesz az én segítőm, és ez így is lett. Életszemléletével, ahogy bánni tudott a testével, biztató és kellemes hatással volt rám. Meghívott Gödöllőre egy életmód táborba. Az ott kapott tanítások, **a közösség varázsa** az újjászületésemhez vezető úton indítottak el.

A tábori élet egy három szobás magánlakásban és annak udvarán zajlott egy héten át, **hetven felnőtt és négy kamasz gyerek részvételével**. A tizenhat éves fiammal – akit nem volt könnyű rábeszélnem, hogy jöjjön velem – utolsóként érkeztünk. Életemben **ekkor aludtam először a csillagos ég alatt**, mert a táborban csak ott volt szálláshely. Ez az indító élmény a mai napig elevenen él bennem, ha csak rá gondolok, látom a fénylő csillagokat.

A másik meghatározó élményem, hogy **az emberi szeretetnek olyan minőségével találkoztam, amilyennel korábban még nem**. Akkor nem tudtam, hogy ott miért volt nagyon jó. Ma már tudom, hogy **a szívből fakadó szeretet ringatott bennünket egy héten át**.

Mostanság, ha a negyven év feletti fiamtól megkérdezem, mire emlékszik a tábori életből, így válaszol: két kamasz lány egész héten harcolt érte, a szeretetükkel kényeztették. Aki tetszett neki, Putnokról érkezett, Vikinek hívták, és a szemei különböző színűek voltak.

Ebben a közösségben voltak bölcsek, betegségükből gyógyultak, saját tapasztalataikkal gazdagabbak, súlyos betegek és tanulni vágyók, mint jómagam. Én akkor a mindennapi élet terheitől elfáradt ember voltam, önmagamban **változásra vágyó**. Az első találkozás alkalmával ízelítőt kaptam abból, hogy másképpen is lehet bánni magunkkal, mint ahogy én ezt addig tettem. Annyi erőt kaptam, amennyit be tudtam fogadni, **megismerkedtem törekvő emberekkel**. A mindennapok megéléséhez praktikus tanácsokkal ajándékoztak meg.

Első találkozásom alkalmával minden tudást magamba akartam gyűjteni. Most már tudom – akkor nem így éreztem –, hogy **az embereknek csak apródonként lehet adagolni a jót**. A biztos befogadás, az ismeretek beépítése csak így tud végbemenni. Ott én azt kaptam, amire szükségem volt. **Megmutattak egy utat**, és biztosítottak, ha azon indulok el, és türelemmel, kitartással haladok, cserébe saját épülésemet kapom.

Pár hónap elteltével, amikor kezdtek elhalványulni az élmények, felébredt bennem a vágy, hogy újra lehessek drága Etka közelében. Vágytam a tudásra, a bölcsességre, az emberszeretetre, és azoknak az embereknek a közelségére, akik őt körülvették. Vágyaim évről-évre teljesültek, a találkozások félévenként ismétlődtek, rendszeressé váltak. Innentől kezdve jó kis kalandként élem az életemet; mind a mai napig. A módszert megélve fokozatosan jutottam önmagammal kapcsolatban kellemes tapasztalatokhoz. A felismerés iránti vágy állandó, kitartó cselekvésre ösztönzött. Ez hajtóerő volt, és a mai is az.

A változásokat kezdetben testi szinten éreztem. A gyakorlatok fokozatosan jobb közérzetet teremtettek bennem, frissebbnek éreztem magam. Fájdalmaim megszűntek a keresztcsont táján és a bal lábamban. Kimozdult a lapockám alsó részén a csigolyám. Megéreztem a lapockáim és a csigolyám harmonikus mozgását.

Egyik alkalommal olyan sokat gyakoroltuk Etkával **a két lapocka közötti szakasz kimozgatását**, hogy általa **megtapasztaltam, milyen a belső öröm**. Csodálatos érzés ez, mely nem hasonlítható a hétköznapi örömökhöz. Ez az öröm mindig egyszeri, de hatása hosszabb távra szól, és őszinte.

Merevségéből kimozdult a nyakcsigolyám. E változásért egy évet dolgoztam kitartóan. A kimozduláskor egy fény lobbanását éltem meg, ez is csodálatos volt, ami ismét belső örömmel társult.

A hasi légzést korábban nem ismertem. Gyakoroltam koncentrációval, és napról-napra éreztem a változást. Megéreztem a bőrlégzést. Megtanultam, a tüdőm három szakaszára irányítani a légzést, fejlesztve ez által a tüdőm kapacitását, az izmaimat.

A rendszeres légzésápolás által több erőt kaptam, a napom aktív része hosszabb lett. Megtapasztaltam, hogy az erő az életet adó légzés által jut el hozzánk. A szeretet is a légzés által érint meg mindannyiunkat, a világon minden élőlény ugyanabból a kozmikus térből fedezi létszükségletét.

A pozitív változások által döbbentem rá, hogy **az egészség egy nagy KINCS, ez a legnagyobb gazdagság.**

Földi vándorlásunk során sok mindenre tanít az élet. Most már a holtidőimet – várakozás, utazás – megbecsülöm, és jól tudom használni a jó közérzetem megőrzéséhez.

Érzéseimet, tapasztalataimat csak ilyen egyszerű módon tudom kifejezni, de a szívem sokkal többet tud a bennem lezajlott változásokról. **Mindezt hálás szívvel köszönöm Etka Anyónak,** és a teremtő erőnek. Hálát érzek a sorsomért, az épülésemet segítő tanításokért, a kapott akaraterőért, a gyógyulásba vetett hitért, a megélt tapasztalatokért, melyek hitemet tovább gazdagították és vittek, visznek előre utamon.

Etka jóga

A gerincbetegségből kilábalt gumiember

*„Hitet akarok önteni az útkeresőkbe,
hogy amit elértem, arra mások is képesek legyenek."
(Szalai István, Budapest)*

Szalai István, a gumiember

Feleségem halála után pszichoszomatikus betegségek sora tette tönkre egészségemet. Gyomor-, vékony- és vastagbélhurut mellett vérző vastagbélgyulladással kezeltek. Volt hasnyálmirigy-gyulladásom, krónikus fülzúgásom. Asztmatikus panaszok, pánik szindróma, faridegzsába, gerinccsatorna szűkület keserítette életemet. Gerincfájdalmaimat és lábzsibbadásomat **két súlyos kiszakadt gerincsérv** okozta. Már több alkalommal elő voltam jegyezve gerincműtétre, amikor egy tévés műsorban meghallottam a nyolcvanas éveiben járó Etka Anyó biztató kijelentését: a betegségeinkből való kilábaláshoz létezik más, természetes megoldás is.

Korábban is hallottam már a jóga terápiás hatásairól, például egy tüdőszanatóriumi kezelés során – ahol akkor éppen súlyos asztmatikus rohamaimat kezelték – attól a gyógytornásztól, akihez egyéni gerinctornára voltam beosztva. Ő is Etka-tanítvány volt, és megadta Anyó pontos címét.

Miután hazamentem Szegedre, még további féléves szenvedés után – mert addig nem volt bátorságom megkeresni – öszszeszedtem magam és megkerestem Anyót.

Nagyon kedvesen fogadott, s már azon a napon **hozzáláttunk a szenvedéseimet okozó életmód és gondolkodásmód megváltoztatásához**. Meglepően gyorsan haladtunk a gyógyulásban, s nap mint nap jobban éreztem magam. Két hónap elteltével már kezdtem érezni az igen kedvező változást, boldog és vidám ember lettem, **életem teljesen megváltozott**, betegségeim, fájdalmaim nagyobb része eltűnt.

Etka Anyó személyi titkára és az Etka-jóga Nemzetközi Egyesület szervező titkára lettem. Felvilágosító előadásokat, jóga tanfolyamokat, életmód táborokat szerveztem bel- és külföldön egyaránt. Televíziós felvételekre, meghívásos előadásokra jártunk közösen, ahol bemutattuk az Etka-módszert és azt, hogy egy olyan szenvedő és beteg emberből, amilyen én voltam, **hogyan váltam elégedett emberré**.

Pár év közös munka után visszaköltöztem Debrecenbe – megboldogult feleségem szomorú tragédiájának színhelyére –, később pedig Budapestre. Betegségeim, fájdalmaim, s szenvedésem meglétekor – 67 százalékos rokkantként – a kezdet nagyon gyötrelmesen indult, csupán **napi 10–15 percet voltam képes gyakorolni**, aminek időtartamát azonban fokozatosan növeltem. Két hónap elteltedével már napi hat órára emeltem a gyakorlási adagot, közbeiktatott lazításokkal, pár perces légzőgyakorlatokkal.

Kilazítottam ízületeimet, gerincoszlopomat, megerősítettem izmaimat. Különös hangsúlyt fektettem a két lapocka közötti négyes-ötös csigolyaszakaszra, amit a szív érzőközpontjának is neveznek. Ezáltal **szinte fáradhatatlanná váltam**, mert ez a gerincszakasz egy energiaközpont, s ennek ingerlésével energiát szabadítunk fel.

Elfogott a tanulási vágy. Még Szegeden beiratkoztam a Juhász Gyula Testnevelési Főiskolára, ahol annak idején megkezdtem tanulmányaimat, és Rekreációs Sportoktató oklevelet szereztem. Budapestre költözve a Semmelweis Egyetemen rekreációs sportedzői, sportirányítói, egyetemi, gyógy-testnevelő tanári diplomákkal bővítettem tudásom. A **negyedik diplomám átvétele után** élt bennem a vágy, hogy tapasztalataimat megoszthassam másokkal is. Tanfolyamokat és előadásokat szerveztem Budapesten és az ország más részein, ahol további tapasztalatokat szerezhettem a résztvevőktől. Bemutattam azokat a gyakorlatokat, amelyeken keresztül mások is javíthatnak egészségi állapotukon, illetve a még ki nem alakult betegségeket is képesek megelőzni rendszeres gyakorlásukkal. Különböző egészségügyi centrumokba, fitnesz-szalonokba, magánházakhoz jártam súlyos betegeket tornáztatni, masszírozni, egészségmegőrző programokat oktatni.

Személyes jelenlétemmel akartam hitet önteni az útkeresőkbe, a gyógyulni vágyókba, hogy **amit én már elértem, arra mások is képesek legyenek**, mert a csoda, a gyógyulni vágyás nagy titka, a fejlődés útja bennük van, csak meg kell érteni az ok és okozat törvényszerűségeinek összefüggéseit, alkalmazkodni hozzájuk.

A jóga gyakorlása során szálfaegyenes alkatot sikerült elérnem, és olyan mértékű hajlékonyságot, hogy **akár cirkuszi mutatvány is lehetett volna belőle**. Ám nem az öncélú magamutogatás a célom. Az idő múlásával azt vettem észre, hogy a javulás egyáltalán nem korfüggő. Saját gondolatunk irányítása, valamint a rendszeres napi gyakorlás által bárki javulást érhet el, bizonyítja mindezt követőink sokasága.

Egyre ismertebbé váltam, és jöttek egyéb irányú lehetőségek is.

Kiss Erzsébet újságíróval 2000-ben ismerkedtem meg, egy általam Debrecenben szervezett Etka-jóga ismeretterjesztő előadáson. Erzsike azóta is mindenben segít, egyengeti utamat. Őrangyalomnak is tekintem őt, akinek pályafutásomban elért sikereim nagy részét köszönhetem. Általa ismertem meg a Just-Nahrin termékeket, valamint Balogh Andrást és feleségét, Erzsikét. Nekik szintén nagyon sokat köszönhetek, akik éjjel és nappal mindenben a segítségemre sietnek, tanítanak, oktatnak, ismeretekkel látnak el, s az ő támogatásukkal sikerült nagyon rövid idő alatt elérnem a 12 százalékos tanácsadói, csoportvezetői szintet az **Országos Életfa Egészségmegőrző Program**ban.

Ma már én segítek másoknak boldogabb életet élni, mintegy szent küldetéstudattal, egy egészségmegőrző és prevenciós missziót teljesítve. Megértettem, hogy alkalmazkodnom kell a természet örök érvényű és megmásíthatatlan törvényeihez. Megértettem, hogy egészségesebb, vitaminokban, ásványi anyagokban, nyomelemekben, ásványi sókban gazdag táplálékra, **rendszeres testmozgásra, öntudatosabb életvitelre és helyes légzésre van szükségem**. Megértettem azt is, hogy elsősorban önmagamért vagyok felelős, s ha önmagamért képes vagyok felelősséget vállalni, akkor tudok csak másokon is segíteni, mert ezen a csodálatos bolygón egymást segítve tudunk, és **egymást segítve kell boldogulnunk** – csak így lehetünk igazán boldogok.

Ez az egészséges küldetéstudat határozza meg hosszú távú céljaimat.

Országszerte csak úgy beszélnek rólam, hogy Szalai István, a súlyos gerincbetegségből kilábalt „gumiember".

Etka-jóga

A bajok vitték el a „szabvány" élettől

„*Betegségeimet vegetárius életmóddal, sportolással tettem tünetmentessé.*"
(Tóth Lívia, Budapest (1941–2014))

Tóth Lívia hitelessé vált

Eredeti végzettségemet tekintve rádió- és elektroműszerész a szakmám. A betegségeim miatt fordultam a természetgyógyászat felé, és reforméletmódba kezdtem. Azért sorolom fel betegségeimet, hogy minél több ember kapjon reménysugarat, talán nekik is sikerülhet a kilábalás.

Huszonöt éves koromban kiújult egy gyermekkori tébécés fertőzésem. Nyirokmirigy-, tüdő- és csonttébécés lettem. **Gyógyszerek és műtétek segítségével meggyógyultam**, de erre ráment négy év az életemből. A rengeteg antibiotikum viszont candida gombát hozott, ami anyagcserezavart okozott. Ennek következményeként állati fehérje-, búza-, gyógyszer- és még egy sor allergiás betegség keserítette az életemet. Szenvedtem asztmától, érszűkülettől, állandó fejfájás gyötört. A memóriazavarom kétségbeejtő volt. Nőgyógyászatilag selejtesnek éreztem magam. **"Állatorvosi lóként" produkálta szervezetem a tüneteket.** Hol kicsit jobban, hol rosszabbul éreztem magam, de sohasem voltam tünetmentes.

A házasságra is nehezen szántam rá magam. Harminchárom évesen voltam olyan merész, hogy megszültem első fiamat, akit még két gyermek követett, és ők három tündér unokával ajándékoztak meg. A harmadik szülésemnél a gyorsító injekció kegyetlen hatása után harminchét évesen inkontinens (önkéntelen vizeletürítés) lettem. A magánéleti problémáim miatt is egyre romlott az állapotom. Több sikertelen kórházi kivizsgálás után **találkoztam a mazdaznanok öngyógyító életmódjával**, ami vegetárius ételkombinációkon alapuló diéta, valamint légzés- és mirigy-gyakorlatokat tartalmaz. A módszer előnyeit később tanfolyamaimon adtam át.

Amikor valahol olvastam, hogy a jógázás segít az anyagcserezavaron, felvettem a kapcsolatot Etkával, a szegediek jógaanyójával, mert ő akkor a gyógyulni vágyóknak tanította a jógatornáját. Kártyikné Benke Etkával történt megismerkedésünk után, 1995-ben **megalakítottuk az Etka-Jóga Nemzetközi Egyesületet**, az Etka-módszer népszerűsítésére, továbbfejlesztésére. Javasoltam, és először használtam a gyakorlatok elnevezésére az „Etka-jóga" kifejezést. Nyaranta a Népligetben az Etka fánál ingyenesen, a jógatáborokban pedig önköltséges áron sok embernek tanítottam az egészséges életmódot, a táplálkozást és az egészség-visszaszerző tornákat. Ez örömmel töltött el, és az emberek boldogsága megsokszorozta az erőmet.

Amit a saját gyógyulásom érdekében megtanultam, azt olyan alaposan tettem, hogy tanítani is kezdtem. Hogy a feladatoknak jobban megfeleljek, különböző tanfolyamokat végeztem: akupresszúra, reflexológia, radiesztézia. Négy évig jártam a Buddhis-

ta Főiskolára, asztrológiát tanulni. A Budapesti Főpolgármesteri Hivatal egy éves sportoktatói tanfolyama után rekreációs sportoktató lettem, majd a Szegedi Juhász Gyula Tanárképző Főiskolán egészségtan tanári diplomát szereztem.
Beteg emberből egészséghirdetővé lettem. Betegségeimet vegetárius életmóddal, sportolással tettem tünetmentessé. Ezzel olyan hitelessé váltam az emberek számára, hogy szívesen jártak előadásaimra, tanfolyamaimra. Nem érzem magamat sikeres embernek, hanem inkább szerencsésnek. A sok betegséget is szerencsének tartom, mert ezek a bajok vittek el a „szabvány élet" irányából.

Tóth Lívia, Etka-tanítvány, Aviva-tanítvány 2014. január 4-én visszaadta drága lelkét Teremtőjének, találkozván szeretett Mesterével, Etkával.

„Ha testem már nem lesz, mégis szívekben,
Érzülékekben él majd szellemem,
Nyújtva szellemgyümölcsöt, -virágot,
Hogy légyen emlékül, amit tettem."
O. Z. A. Hanish

* Tudjuk, hogy mostantól egy csillaggal több van fenn az égen. *

Fit-ball

Csinos alakformáló

„A diákok a tanórán pad helyett rendszeresen labdán ültek."
(Vincze Andrea, Balmazújváros)

Vincze Andrea sportos életet él

A nevemet tíz évig a sikeres debreceni sportiskolás atléták között tartották számon. Több országos váltó bajnokságot nyertem 200 és 400 méteren. A Fazekas Gimnázium diákjaként a **távoli Malagában** vettem részt 2001-ben a világjátékokon. Sportos család sarjaként nem is volt kétséges, hogy milyen szakmában akarok diplomát szerezni.

Az atlétika miatt nem akartam messze kerülni Újvárostól és Debrecentől, ezért továbbtanulás céljából a nyíregyházi főiskola kihelyezett debreceni gyógytornász tagozatát választottam.

Amikor a tanórákon megismerkedtem a Fit-Ballal, nagyon megtetszett, és megszereztem az oktatásához szükséges képesítést. **Személyesen megtapasztaltam** az egyszerű sporteszköz jótékony hatásait. Ideálisan erősíti a csontot és az ízületeket. Segítségével csinos alakot lehet formálni. Az idősebb korosztálynak azért ajánlott, mert az ízületek kímélésével fejti ki jótékony hatását. **Javítja a porckorongok anyagcseréjét.** A fejlődő szervezet testtartásának javításában is ismert hatékony szerepe, amit egy svédországi példával támasztottak alá. Az egyik osztályban a diákok a tanórán pad helyett rendszeresen labdán ültek, és azon szabadon mozoghattak. Év végén tanulmányi eredményük, fegyelmük messze meghaladta a hagyományos padban ülő tanulókét. Ugyanis labdán ülve az állandó egyensúlyozás az izmok folyamatos koordinálása **frissen tartja az idegrendszert,** meghosszabítja a koncentráló képesség idejét. Szabad mozgást engedélyez, ami folyamatos jó közérzetet teremt.

Gyógytornászi munkám során sokat használom a labdát, mert nem csak a fitnesz, hanem a rehabilitáció alkalmas eszköze is, **gyerekektől az idősekig bárki számára.** Mozgássérültek és idegrendszeri problémákkal küzdők részére 1910 óta használják terápiás céllal. Kezdetben Svájcban volt népszerű, innen terjedt el szerte a világban, majd a labda anyagának fejlődésével elkezdték a fitneszben is használni.

Fit-Ball tréningről 1992-től beszélhetünk. A Fit-Ball egy vidám, zenés, prevenciós edzésforma, ahol a megfelelő intenzitás mellett a kondicionális és koordinációs képességeket is hatékonyan tudjuk fejleszteni. **Nagyon hatékony zsírégető módszer,** hiszen a pulzusunkat folyamatosan a megfelelő zsírégető aerob tartományban tudjuk tartani, ami a szív és az érrendszer egészsége szempontjából mindenki számára a legbiztonságosabb.

Jó hatással lehet a cellulitiszre is, ami elsősorban a fenék és a comb környékén alakul ki. Erőfejlesztésre, egyensúlyozásra, a flexibilitás javítására is rendkívül hatásos módszer. Segít a csontritkulás kialakulása megelőzésében. Mindezek mellett úgy tudunk edzeni, hogy közben védjük az ízületeinket, mivel a labdán ülve a rugózás során a labdában lévő levegő felfogja az ízületekre gyakorolt nyomást.

Személyes tapasztalatom, hogy mint minden mozgás, ez is nagyon **jó közösségformáló**, sok barátság kötődött az óráimon. A korosztály vegyes, de mindenki megtalálhatja azt, amit egy edzésben keres. Gyógytornászként a zsírégetés mellett nagy hangsúlyt fektetek a hátizmok erősítésére, a tartásjavításra, a medence stabilizálására.

Fit-ball

Nyújtja, lazítja, erősíti az izmokat

„Ötven felé induláskor teher. Az órán stressz, felejtés, energizálódás, jó társaság. Másnapi izomláz mellett problémamentes lehajlás, egyenes tartás, hadüzenet az öregedő bőrnek."
(Csiháné Tóth Erika, Kapitány Mária,
Tóthné Balogh Edit, Balmazújváros)

A Coca Cola női sportfesztiválon is kipróbálták a debreceniek a Fit-Ballt

Azért szeretünk Fit-Ballra járni, mert esténként a szellemi és az ülő munkában megfáradt **testünket-lelkünket megpróbáljuk felélénkíteni**. Erre kiválóan alkalmas egy összeszokott társaságban, kedves és ismert edző segítségével eltöltött egy óra, amikor a labda rugalmassága segítségével **könnyedebben tudjuk a mozdulatokat végrehajtani**. Megnyújtjuk a kényszertartás és a stressz miatt görcsössé vált izomzatunkat, és nem csak lazítjuk, hanem erősítjük is azt. A zene és a koreografált mozdulatsorok változatosak, nem unalmasak, hamar eltelik az erre szánt idő. Így összességében nem érezzük tehernek a mozgást. A Fit-Ball-óra végén nemcsak kellemes fáradtságot, hanem **egyfajta büszkeséget is érzünk,** hogy így az ötödik X körül ezt még megcsináltuk.

Gyűrűs izmok tornája

Szexre és a szülésre is felkészülni

„A színészetben ez a technika jó a légutak kinyitására."
(Tóth Lívia, Budapest (1941–2014))

Tóth Lívia felkutatta, tanította

Ötvenévesen Sri Chinmoly tanítványaként **maratoni futásra készültem**. A Margit-szigeten tartottuk az edzéseket, és mivel nem sok tanácsot kaptam arra, hogyan fussak, figyeltem a profi futókat. Egy sokszoros maratoni bajnok fiatalember háromszor is elhúzott mellettem, amíg én lecammogtam egy kört. Figyeltem a mozdulatait. Feltűnt, hogy nyitott tenyérrel, az ujjait szétnyitva, laza gerinccel fut. Ha a sebességét nem is sikerült, legalább a kéztartását próbáltam utánozni. Közben arra jöttem rá, hogy **ez a kéztartás tónusba hozza az altestemet,** a farizmot, a csípő környéki izmokat.

Kipróbáltam, mi történik akkor, ha ütemességet viszek az ujjaim mozgatásába. Egyszerre mozgattam, feszítettem hátra ujjaimat. Az altestem izmai átvették az ujjaim hátrafeszítésének az ütemét. Továbbgondoltam: mi történhet akkor, ha állás, ülés vagy séta közben végzem az **ujjaim hátrafeszítését!** Ismét mozdult a farizom és a medencefenék izmai is. Sőt, elértem a mély izmok munkáját már akkor is, ha csak a hüvelykujjamat feszegettem a magam irányába. Rájöttem, hogy vannak izomcsoportok, amelyek egymáshoz kapaszkodva tudnak működni. Próbáltam ezeket a tapasztalataimat felhasználni.

A harmadik gyerekemet harminchét évesen szültem. Az oxitocin „segítségével" sikerült szülési sérülést beszereznem. **Harminchét évesen inkontinenciától kellett szenvednem.** Amit csak tudtam, mindent megtettem ennek a problémámnak a megoldására. Nagyon megörültem, amikor hallottam a Gyűrűs izmok című könyvről. Úgy éreztem, igazolást kaptam tapasztalataimra. Annyira hasznosnak találtam, hogy minden erőfeszítésemmel **törekedtem** Paula Garbourg A gyűrűs izmok titka. Öngyógyítás szfinkter gyakorlatokkal című műve **lefordíttatására és kiadására.**

Amikor felkeltette az érdeklődésünket a szfinkter gimnasztika, keresgéltünk a neten, de csak Izraelben és Amerikában találtunk először oktatót. Végül **rátaláltunk a Barcelonában élő Peter Gadishra**, és tőle megtanulhattuk a szfinkter gimnasztikát (a gyűrűs izmok tornáját).

Peter Gadish Magyarországon született, és tökéletesen beszél magyarul. Hegedűs Péter volt a neve, **ezen a néven járt Debrecenben** a Fazekas Mihály Gimnáziumba, és később a Debreceni Kossuth Lajos Tudományegyetem kémia tagozatára. Nevét azért kellett megváltoztatnia, mert a külföldiek nem tudták kimondani a Hegedűs nevet. Argentínában tizenegy hónapot élt, innen pedig Izraelbe költözött. A színjátszáshoz mindig vonzódott, szerepelt a Ki mit tud? műsorban, az egyetemi színpadon, arany diplomát, aranyérmet nyert vers- és prózamondással.

Tizenhét évnyi izraeli tartózkodása alatt beiratkozott a Tel-Avivi Egyetem (Tel Aviv University) színjátszó karára. Itt találkozott a szfinkter-gimnasztikával, ahol Paula Garbourg tanítványa, Carmela Janov hangképzést tanított ezzel a módszerrel.

A színészetben ez a technika jó a légutak kinyitására, a hangszálak szabaddá tételére, feszültségek, görcsök feloldására.

Mi, magyarok, akik elsősorban egészségügyi okok miatt (inkontinencia, reflux) kerestük ezt a módszert, nagyon hálásak vagyunk Peter Gadishnak, aki ezt a fantasztikus öngyógyító technikát behozta Magyarországra, ezért nem csak a barcelonai színészhallgatók tanulhatnak tőle, hanem mi is.

Kérdéses számomra, hogy a szülést gyorsító gyógyszerek használatával tanácsos-e beavatkozni a szülés természetes folyamatába. – Miért kell bizonyos dolgokat újra felfedezni?

Édesapám orvos volt. Körorvosként levezette unokahúgának, Bözsikének a szülését. Mivel fiatalon halt meg, alig ismertem, a rokonaimat meséltettem, hogy többet tudjak meg róla. Egy ilyen alkalommal Bözsi néni elmesélte szülését, amikor édesapám **órákon keresztül vazelinnel simogatta, masz-szírozta a gátját.** Miklóska 5 kiló 60 dekával született vágás, repedés nélkül.

A gyűrűs izmoknak lazának kell lenni szülés közben. Hát ezt megint felfedezték. Szerintem elég lenne a gyűrűs izmok tornáztatásával a szexre és a szülésre is felkészülni. Egyszerű tornagyakorlatokkal meg lehet tanulni a szorítást és az ellazítást is.

Hallássérült jeltánc

Táncművészeti műfajt teremtett

"Látva, hogy megértették a közvetített érzésvilágot, a zene színvilágát, elhatároztam, hogy életemet erre teszem fel."
(Napsugár Anna, Budapest)

Napsugár Zenei Jeltánc Társulat (vezetőjük legfelül)

Súlyos nagyothalló és enyhén mozgássérült dalszövegíró vagyok, Magyarország első, szakvizsgával, működési engedéllyel rendelkező jeltáncművésze, aki hazánkban megteremtette a jeltánc művészeti ágat.

Hallássérült gyermekként jöttem a világra. Édesapám lemezlovas, édesanyám varrónő, táncos volt. Gyermekkoromban a szülői szeretet, a könnyűzene, a tánc vett körül. Rengeteget gyakoroltam a beszédet tükör előtt, egymás után ismételve a „répa-retek-mogyoró" típusú mondókákat. Halló általános iskolába jártam, ahol a tanárok sajnos nem szenteltek több figyelmet rám, az **osztálytársaim gyakran csúfoltak**. Ötödik osztályos koromig nehezen lehetett érteni, mit mondok, ráadásul pöszén beszéltem, nem volt szép, érthető beszédhangom. Méretes hallókészülékem miatt ufónak gúnyoltak.

A jelnyelvvel a gimnázium előtti gólyatáborban találkoztam először. Halló iskola volt az is, de külön osztályt indítottak, gyógypedagógus osztályfőnökkel. Én **beszélni tanítottam a siketeket, akik cserébe bevezettek a jelnyelv rejtelmeibe.** Ekkor még nem sejtettem, hogy ez az út a jeltánc felé visz.

Egy munkahelyi baleset után **egy évig kerekesszékbe kényszerültem**, de a család és az orvosok segítségével, valamint erős akaratommal talpra álltam. Ez a megpróbáltatás megerősítette bennem a hitet. Mire leérettségiztem, kialakult bennem a zene, a tánc és a jelnyelv szeretete.

Táncolni tanultam, kommunikációs jelnyelvi vizsgát tettem, és egyszer egy diszkóban a divatos dalokat saját elgondolásom szerint jelnyelvi kiegészítésekkel, táncmozdulatokkal kísértem. Ez fordulópontja lett életemnek. Látva, hogy megértették a közvetített érzésvilágot, a zene színvilágát, elhatároztam, hogy életemet erre teszem fel.

Tanítványokat gyűjtöttem magam köré és **elindítottam a jeltáncművészet műfaját.** Az eddigi fellépések azt bizonyítják, hogy a produkció mindenki számára élményt nyújt, a jeltánc által átadott érzés és gondolatvilág jól szolgálja a lélek erősítését.

Neves előadóművészek segítettek fejlődésemben. A színház és filmművészet területén Jaross Viktóriát kell említenem, és meleg szeretettel gondolok Földessy Margitra, aki színi tanodájában fejlesztette beszédkészségemet, valamint megalapozta rendezői és koreográfusi ismereteimet. BEKE Első Magyar Budapesti Jelszínházában is szerepeltem amatőr színészként. 2014 óta csodálatos módszerrel tanít énekelni Pitti Katalin.

Szórakozóhelyekre hívtak, hogy lépjek fel. Ismert énekesek mellett „közvetítettem" a dalokat, amelyeket jelnyelvi oktatóval tanultam be. Így léptem színpadra Mary Zsuzsi, Csongrádi

Kata, Csepregi Éva, a Pa-dö-dő vagy a Nemadomfel együttes oldalán. A bolyki Parara Gospel kórusnak is tagja vagyok.

Mindettől függetlenül egy idő után mégis az motoszkált a fejemben, hogy én nem lehetek siketen jelnyelvi tolmács. Beszéltem szakemberekkel, elmentem az Artisjus jogvédő irodához, és a Szórakoztató Zenei Központnál tettem 2005-ben szakvizsgát hivatalosan jeltáncból. Táncművészeti működési engedélyt kaptam, és a zsűri megjegyezte, hogy olyan voltam a vizsgán, mint a napsugár, csak a pozitívumokat adtam át. Ez felbátorított arra, hogy a Horváth Anna nevemet hivatalosan Napsugár Annára változtassam.

Saját dalok komponálásába kezdtem. Dalszövegírásra az eddigi élettapasztalataim, valamint a családi szeretet késztetett. Ezekbe öntöttem az érzéseimet, élményeimet, és megkértem Kaszás Péter zeneszerzőt (akit vendéglátós és lemezlovas édesapja révén ismertem), hogy írjon hozzájuk dallamokat. Bár nem tartom magam profi énekesnek, énekelni is ugyanazért szeretek továbbra is, mint beszélni. Érzékeltetni igyekszem a külvilággal, hogy **nem vagyok fogyatékos, beteg ember, legfeljebb több feladat vár rám az életben, melyeket hosszabb úton oldok meg**. Például, amikor szájról olvasva adom a riportot, vagy szájról olvasva tanulom meg a hangokat énekelni.

Eljutottam Brüsszelbe, Ausztriába, Lengyelországba, Szerbia-Montenegróba, Erdélybe, és természetesen hazánk szinte minden kisebb- és nagyobb városába. Örömmel látom, hogy közös munkánk mennyire eredményes, jó hatással van társulatom tagjainak személyiségfejlődésére. Repertoárunkat saját dalaimmal egészítettem ki.

Újabb előrelépést jelentett, amikor **a ritmus tánccsapatok országos versenyének programjába bekerült a jeltánc, mint műfaj**. Országos kulturális fesztiválokon, versenyeken első díjakat, különdíjakat kaptunk. A Ritmus Csapatok Országos Táncbajnokságán első helyet értünk el jeltánc kategóriában 2012-ben. A Honoratus Kodály Zoltán Fesztiválon bajnoki címet szereztünk. Szeretnénk minél több versenyre eljutni, beleértve a tehetségkutató versenyeket is. Vannak követőink. A társulatom egészséges, értelmi fogyatékos, hallás-, mozgás- és látássérült sorstársak kis csapata. Több különböző fogyatékossággal élő színész, énekes és más kultúrában elismert sorstársak is csatlakoztak hozzánk. **Fellépünk minden olyan fesztiválon, rendezvényen, ahová hívják a társulatot.** Esély napok, falunapok, kulturális versenyek és fesztiválok. Eddig a legnagyobb fellépésem helyszínei a Brüsszeli Kulturális Intézet Napsugár Anna önálló estje és a Sziget Fesztivál, nem utolsó sorban a Nemadomfel Együttes koncertje a Papp László Sportarénában – mindhárom jótékonysági koncert volt. Az elmúlt 18 év során a Nemadomfel Együttes és a Kézenfogva Alapítvány segítségével sok nagy művésznek jeltáncolhattam.

Előadásainkról videoklipeket készítettünk, melyek a http://jeltanc.mlap.hu honlapomon láthatók.

A legfontosabb küldetésem, hogy együtt döntsük le a falakat, amelyeket a fogyatékossággal élő sorstársaim maguk köré építettek, hogy ők is **kitörhessenek a bezártság, a magányosság birodalmából!**

Zenei klipjeinket jeltáncművészettel és feliratozva fordítjuk le, ami segítséget és örömet nyújt nemcsak a sorstársaknak. Tanulságos, élménydús, látványos modern klip, mindenki számára sok mondanivalóval és értékkel, az esélyegyenlőség megteremtésével. Előadásaink a felkérések alapján – jótékonysági célból – a beteg embereket és a sérült sorstársakat segítik.

Tizenöt éve vagyok fotóművész, több díjat is kaptam. Ezeket majd kiadandó kötetemben szeretném szerepeltetni. Képeimmel rendszeresen pályázom, kisebb-nagyobb sikerekkel.

Hastánc

Ha elfogadják önmagukat

"Képessé válnak alkalmazni a csábítás művészetét."
(Borsosné Kovács Edit Estella, Debrecen)

Borsosné Kovács Edit Estella, a mestertanár

A negyvenkilencedik születésnapomon **egy óra alatt kirúgtak a MÁV-tól**, ahol harminchárom évig dolgoztam. Egy évig még folytattam a munkahelyi ténykedésem (tűzvédelmi, munkavédelmi vezetőként) alkalmi megbízásokkal, ezen felül pedig bejárogattam az Életreform Házba besegíteni a gépelésbe, anyagok rögzítésébe, mivel nagyon kevesen voltak az ott dolgozók.

Az Életreform Ház vezetője, Szabolcsi Éva 2000 szeptemberében megkérdezte, tartanék-e hastánc tanfolyamot, mert lenne rá igény. **Volt táncos múltam**, négy éves koromtól balettoztam, tizenhét évet táncoltam a Debreceni Népi Együttesben, míg a Csokonai Színházban két évet szerepeltem statiszta táncosként. 1970–1972 között a budapesti Moulin Rouge kartáncosa voltam.

A hastánccal 1991-ben ismerkedtem meg hobbiból, a keleti kultúra táncai iránti kíváncsiságból. Miután nagyon megtetszett, előbb Tunéziában, majd a hastánc őshazájában, **Egyiptomban folytattam tanulmányokat** tanfolyami keretekben. Ahogy nőtt a tudásom, elérkezettnek láttam az időt kilépni a nyilvánosság elé. Két alkalommal bemutattam a „tudományom" hétvégi buliban, majd gólyabálon, szórólappal felszerelkezve. Ez a mozgás teljesen újnak számított a többi klasszikus, hagyományos versenytánc, néptánc-előadások után, és jöttek a jelentkezők az oktatásra. Ettől kezdve nem volt gondom a létszámmal. Így kezdődött egy teljesen más irányú pályafutásom.

Az első Országos Hastáncverseny rendezését követően, 2001 februárjában – amikor még csak nézőként vettem részt – **robbanásszerűen megnövekedett a hastánc iránti érdeklődés**. Egyre több fellépésre hívták meg a táncosaimat. 2002-ben már négy tanítványom került az ország legjobb tíz díjazottja közé. Ekkor még csak egyetlen kategória volt, az egyéni szóló. Lassan bővült a sor: amatőr, profi egyéni, kis csoport (2–4 fő), nagy csoport 5 főtől.

2009-ben tizenkét lehetőségből nyolc győzelmet szereztünk. Két évvel később a harminc elnyerhető díjból már huszonnégyet hoztak el a táncosaink, mivel csak ennyi számban indultak.

Nemzetközi szereplésem 2009-ben indult el azzal, hogy Raqia Hassan, a kairói Ahlan wa Sahlan hastánc világbajnokságok (ahol közel 2000 versenyző van évenként) szervezője meghívott egy 100 órás mesterkurzusra, és ennek eredményeképpen **mestertanári oklevelet szereztem**. A kurzuson 40 hastánc stílust tanultam meg. 2010 óta vagyok az Ahlan wa Sahlan versenyek óraadó tanára, Magyarországról egyedüliként taníthatok Kairóban, és meghívást kapok a világbajnokságok zsűrijébe is. Az ugyanezen évben rendezett világbajnokságon a legjobb koreográfusi díjat érdemeltem ki. Szponzor hiányában erre a versenyre csak egyetlen versenyzőt tudtunk elvinni, Kövér Beátát, aki az előkelő hetedik helyen végzett, 1500 táncos közül.

2002-ben rendeztem meg a debreceni Aranybikában az I. Országos Hastáncfesztivált, amelyen a közönséget a hastánc sokszínűségével ismertettük meg. Azóta évente rendezünk fesztiválokat, mindig más-más stílusban. Tanítottam még Nyíregyházán 10 évig, valamint Püspökladányban is, és itt is rendeztem fesztiválokat. Jótékonysági estek, rendezvények rendszeres támogatói között tartanak számon bennünket.

Eredményeimet számos díjjal ismerték el. Ötször érdemeltem ki az „Év legjobb hastánctanára" címet. A stúdió háromszor kapta meg (2008, 2009, 2011) a „Legeredményesebb tánciskola" kitüntetést. Versenyeken háromszor nyertük el a legjobb koreográfia díját. Kézzel készített ruháinkért kétszer kaptuk meg a „Legszebb ruha" elismerést.

A YouTube-on látható mintegy hetven koreográfiánk nagy látogatottságnak örvend. Több tévécsatorna készített filmet az iskoláról, és sok helyi tévé adásában is szerepelünk.

Nagy áttörést jelentenek számunkra a virágkarneváli fellépések. Első alkalommal 2002-ben szerepeltünk az esti felvonuláson. Utána két évig kerestem megfelelő cipőt, hogy a nappali 6–7 órás és az esti 2 órás felvonulást végig tudják táncolni a lányok. 2005 óta rendszeres fellépői vagyunk a virágkarneváloknak.

Díjnyertes tanítványaim híresek külföldön is: táncolnak Dubai, Japán, Svájc, Svédország, Anglia, Amerika színpadjain, és nagyon sok meghívást kapnak a különféle rendezvényekre itthon is.

Eleinte vettük a ruhákat, de mivel a fesztiválok sokféle öltözéket kívánnak (30–40 koreográfia van) ezért ráálltunk a ruhavarrásra, és most már **szinte minden ruhát saját magunk varrunk**. A hozzávalókat nagykereskedőktől szerezzük be, ezért jóval kevesebb az egy ruhára eső költség.

A táncosok megtanulják a hastáncszoknya szabásait, a díszítéseket, és mindenki a saját ötletét valósíthatja meg a fellépő ruháin. Van olyan táncos, aki már egyéni ruhatervezéssel is foglalkozik.

Nemzetközi szinten tíz stílus tartozik a világ élvonalába. A törökök az egzotikát helyezik előtérbe, az indiaiak főként a kézmozdulatokat hangsúlyozzák. Az egyiptomiak a zártabb ruhaformákat kedvelik, ebben a köldöktájék rejtve marad. A marokkóiak ruhájának felső része elöl zárt, háta szinte csupasz. A szoknyán sok az aranybojt, és nem jellemző a gyöngy, valamint a szoknya alatt bő nadrágot viselnek. Mi magyarok mindehhez hozzátesszük temperamentumos vérmérsékletünket, és mindenki kialakít egy egyéniségének megfelelő stílust.

A tánc ABC-jét mindenkinek célszerű elsajátítani: az alaplépéseket, a csúsztatást, a csípőmozgatást, a rázásokat, a különböző kézmozdulatokat. Erre alaptanfolyamon húsz órát fordítok. Klubkeretek között gyakorolhatnak, ily módon tehetik tökéletessé a hastáncot az igényes érdeklődők. Az egyéni profi táncosok folyamatos képzéssel alakítják ki saját színpadképes produkciójukat, amely illik alkatukhoz és egyéniségükhöz.

Kiemelem még a tánc személyiségfejlesztő hatását, amit egyaránt észreveszek a hat és a hatvan éves tanítványaimon is. Növekszik önbizalmuk, **bátrabban mernek kiállni önmagukért az életben**, ügyet intézni a hivatalban, megfelelni a vizsgákon. Megtanulják elfogadni önmagukat magasnak, alacsonynak, teltnek vagy soványnak. Képessé válnak alkalmazni a csábítás művészetét.

Ugyanis, ha elfogadják önmagukat, mindenki elfogadja őket. Férjet talán még nehezebb megtartani, mint megszerezni. Amikor a nő kiegyensúlyozott, a kapcsolata is azzá válik.

Folytathatnám a sort a **pozitív élettani hatások**kal, az alhasi szervek, a belek, a csípő intenzív mozgatásával nyert energiaszint emelésével. Ahogy a rezegtetés által csökken a zsírpárna, úgy alakul át izommá. Sok esetben elmúlik a gerincbántalom, kilazul a csípőízület, megszűnik a csontritkulás, **tartós betolakodóvá válik a jó közérzet**.

A hastánc sportnak is felfogható, hiszen keményen megmozgatja az intim zóna izmait. Ennek köszönhetően **jó néhányan váltak kismamává** azután, hogy előtte 4–5 évig nem estek teherbe.

Több felsőfokú oktatási intézményben sportnak is elfogadják
a hastáncot.

Estella csoportja a debreceni virágkarneválon

Hastánc

Akit mindig fel lehet hívni

"Táncolj az egészségedért, testi-lelki harmóniádért!"
(Kozempel Zsuzsanna, Debrecen)

Kozempel Zsuzsanna klubot vezet

Emlődaganattal műtöttek 1999-ben, majd több nőgyógyászati operáción estem át. Próbáltam pozitívan hozzáállni a betegségemhez, meg akartam gyógyulni, és ehhez minden segítséget megkaptam a családomtól, a barátoktól és a munkatársaktól.

Az **önsajnálat helyett** mások segítésére helyeztem a hangsúlyt. Kamatoztattam a szakmai munkám során szerzett szervezési tapasztalataimat. Beválasztottak a Magyar Rákellenes Liga Debreceni alapszervezetének vezetőségébe.

A „Hívás" **emlőbetegek klubját 2000 óta vezetem**. Létszámunk az idők folyamán meghaladta a 200 főt, de sajnos napjainkra az életkor előrehaladtával a betegség és elhalálozás következtében a tagok száma jelentősen csökkent. Betegségemből kifolyólag átéreztem, hogy milyen rendezvények, összejövetelek segíthetnek sorstársaimnak a lelki felépülésben, a kikapcsolódásban, a tapasztalatok megosztásában, a szellemi felfrissülésben.

A havi egyszeri foglalkozásainkra orvosokat, az egészséges életmód közvetítésében jártas szakembereket, mozgásterapeutákat, irodalmárokat hívunk meg. Batyus farsangot, szalonnasütést, kirándulásokat, túrákat, jótékonysági hangversenyt szervezünk. Ezek **jó alkalmak a tagok kikapcsolódására**, barátságok szövődésére.

Közreműködünk társszervekkel, a Hajdú-Bihar Megyei Kormányhivatal Debreceni Járási Hivatal Járási Népegészségügyi Intézetének munkatársaival különböző rendezvények szervezésében, rendezésében (vetélkedők, gyermekrajz-kiállítás, egészségnapok stb). Ezekben önkéntesek, orvostanhallgatók is segítenek.

A sportolás mindig is létemem volt. Fiatalkoromban atletizáltam, és mindig kerestem az alkalmakat a közösségben végezhető testmozgásra.

2012. április 12-én a Nemzeti Rákellenes Nap alkalmából megalakult a Magyar Rákellenes Liga és az Újjászületés Rehabilitációs Alapítvány közös tánckluja az Estella Hastánc Stúdió támogatásával. „Táncolj az egészségedért, testi-lelki harmóniádért!" Azóta heti rendszerességgel 8–10 gyógyulni vágyó oldódik fel a zene ritmusára épülő táncmozdulatokban. Nagyon fontosak az ehhez hasonló programok, hiszen **sokan magukba zárkóznak, eltávolodnak az emberektől.** Ezért is mondom minden alkalommal, hogy ha valaki mélyre kerül, engem mindig fel lehet hívni telefonon. Nem sajnálom az időt, addig beszélgetünk, míg meg nem érzem a hangulatjavulást, hogy lelkileg most már kijött a társam a „gödörből". Az emberek szeretete segít ebben a munkámban.

Kerekes szék

A siker még elszántabbá tesz

„Te mész, én pedig gurulok, ahová el akarok jutni."
(Lőrinczi Tibor, Debrecen)

Lőrinczi Tibor vágya a paralimpiai szereplés

Tizennégy éves koromban (1989-ben) egy gyulladásos betegség támadott meg. A bajt csontvelő-, gerincvelő-, tüdő-, szívburok-, agyvelő- és agyhártya-gyulladás tetőzte.

Ezt megelőzően sportoltam: judóban értem el sikereket, magyar bajnoki címet is szereztem. De a betegségek következtében, főleg a gerincvelő-gyulladás miatt **megváltozott az életem**. Kerekes székbe kényszerültem.

Szerencsére ennek az állapotnak nem a hátrányát néztem, hanem inkább arra koncentráltam, hogy miként folytathatnám a megkezdett életem. A felépülés után rögtön **kerestem a lehetőségeket sportban, tanulásban egyaránt.**

Sajnos, ebben az időben akadálymentesítésről nem beszélhettünk az utakon, épületekben, aminek főleg a tanulás terén éreztem nagy hátrányát. Ami a sportot illeti, több ágában kipróbáltam magam. Kosárlabda, úszás, tollaslabda, és szorgalmasan jártam konditerembe. Sportlövészetben egészen **a válogatottságig vittem.** Tagja voltam a franciaországi világkupán ezüstérmet szerzett csapatnak. Sajnos az anyagiak nem engedték a folytatást, nem kaptam elegendő segítséget.

A kísérleti időszakok után a legkedvezőbb előrelépést a tollaslabdázásban láttam. Az országos és nemzetközi eredményekkel büszkélkedő Hajdú Gabona Debreceni Tollaslabda Klub edzéseit rajtam kívül még két kerekes székes társam is látogatja. Kétéves felkészülést követően 2012-ben az Európa-bajnokságon már sikerült győzelmet szereznem. Ez még elszántabbá tett az edzésmunkában. Egy évvel később az egyesületem hozzásegített a világbajnokságon való szerepléshez. A nagyszabású kontinensviadalra edzőm, Mátyus Tibor is elkísért, igaz, miután önként vállalkoztam, végig én vezettem a kocsit Németországba és vissza.

A 38 ország 300 indulóját állapotuk szerint két kategóriába sorolták. Én az első kategóriában vehettem fel a küzdelmet 39 hasonló sorsú társam között, akik sérülésük következtében **nem képesek mozgatni hasi és törzsizmaikat.** A hároméves kitartó munka meghozta a gyümölcsét. Dortmundban a kolumbiai ellenfelem fölött aratott sikerrel megszereztem a második nemzetközi győzelmemet.

Kiemelném a találkozó nagyszerű hangulatát, ahol **egyáltalán nem érződött a résztvevőkön hátrányos helyzetük.** Olyan életvidámságot éreztem, hogy megfogalmazódott bennem: sok egészségesnek mondott személy meríthetne lelki erőt ezeknek az embereknek az élethez való hozzáállásából. Én azt szoktam mondani az esetleges sajnálkozóknak: te mégy, én pedig gurulok, oda, ahová el akarok jutni.

A sporttal komoly terveim vannak, hiszen a tollaslabdát felvették a paralimpiai sportágak közé, ezért minden vágyam, hogy **képviselhessem Magyarországot a 2020-as paralimpiai játékokon.**
Tizenöt éve élek boldog házasságban, feleségem, Hajnalka mindenben támogat. Két gyermekünket sportos életformára neveljük. Balázs fiamat 2013-ban beválogatták az U13-as tollaslabda válogatottba, Bernadett lányom pedig kézilabdázik.Ami a munkámat illeti, tizennégy évig dolgoztam egy multi cégnél biztonsági koordinátorként, de a munkakör 2013 áprilisában megszűnt. Manapság nem könnyű munkát találni, de idővel ez a probléma is megoldódott.

Kerekes szék

Egy csapatra való csapás után

„Csak a lábamat vesztettem, nem az eszemet."
(Sasvári Gyula, Miskolc)

Sasvári Gyula megtalálta élete értelmét

Harmincnégy éves koromig remek életem volt. Utóbb visszagondolva talán csak a jeleket nem vettem észre, amik arra utaltak volna, hogy **mégsem volt minden remek**.

Informatikusként dolgoztam, annak sok ágával kerültem kapcsolatba. Kezdetben programoztam, később szoftvereket terveztem, oktattam, ügyfelekkel foglalkoztam, szóval csináltam mindent. Az alapozó éveket egy multinacionális cégnél töltöttem, és elérkezettnek láttam az időt, hogy egy kis saját cégben érvényesüljek.

Nős voltam, még gyerek nélkül, és ezt leszámítva **megvolt minden, ami birtokolható:** kocsi, lakás, majd családi ház. Sőt, ott volt – ami nem hiányzott – az egyre növekvő stressz, aminek egy ideig semmi nyoma nem volt, de egyszer csak benyújtotta a számlát az élet. Van, aki gyomorfekélyt kap, magas vérnyomást, agyvérzést, infarktust. Én **egy sorozat-embóliát gyűjtöttem a lábaimban,** s egy sikertelen érsebészeti műtétsorozat után két hét alatt mindkét lábamat **térd alatt amputálni kellett.**

Olyan gyorsan történt mindez, hogy talán szerencsémre időm sem volt felkészülni arra, hogy mi vár rám. Kerekes szék egy olyan állapot, amit sokáig eltitkolni akkor sem lehet, ha akarjuk. Nem is akartam. Az volt a vigasztaló jelmondatom: csak a lábam vesztettem, nem az eszemet. Azonban **megváltozott minden**: a régi lakhelyem, munkám, életem, emberi kapcsolataim, lehetőségeim mind átértékelődtek. Ám ez csak a kezdet volt. Odalett a házasságom, s az elhúzódó procedúra aláásta meggyengült egészségemet, vérkeringésem maradékát is. Öt év alatt elvesztettem mindkét lábam, kaptam két agyvérzést, megvakultam a fél szememre, és túléltem egy szívizomgörcsöt is.

Ennyi egy kisebb csapatnak is elég lenne. Innen már csak nyerni lehet, bármi legyen is az! Hogy eltereljem figyelmemet a „nyomoromról", **megpróbáltam elfoglaltságokkal lekötni az elmém és a testem.** Beiratkoztam ismét a Miskolci Egyetemre, ahol az informatikai oklevelem mellé egy társadalomtudományit is szereztem.

Gyermekkoromban tájékozódási futó voltam, de a középiskola, a továbbtanulás, majd a munka miatt sajnos elmaradt a sport az életemből. Mára belátom, **a sport mellőzése életem egyik legrosszabb döntése volt**.

A kerekesszékkel űzhető sportokban a nagyobb ismeretekkel rendelkező sorstársaim, ismerőseim felhívták a figyelmemet a tájékozódási sportok trail-o nevű szakágára, ami kerekesszékben is űzhető, és inkább szellemi, mint fizikai sport. Bár ez a sportág Magyarországon még csak gyermekcipőben jár, az évek során úgy egy tucat ilyen versenyen tudtam részt venni. Sajnos a térlátásom elvesztése és térérzékelésem romlása miatt később már nem tudtam aktívan helyt állni. A kerekes székes tenisz és a kosárlabda amatőr szintű kipróbálása után nem sok reménynyel kecsegtetett a meggyengült látásom, és a második agyvérzésem nyomaként a bal kezem részlegesen bénult ujjaim miatt. Már régebben is hallottam a handbike-ról, de egy jó ideig várnom kellett a találkozásra. 2012 tavaszán egy rendezvényen ki is próbálhattam mindjárt kétfélét is. Szerelem volt első látásra, első kipróbálásra!

„**A handbike kézzel hajtott bicikli,** annyira új sportág Magyarországon, hogy jelenleg még jó magyar neve sincs. Igazából háromkerekű járgány. A handbike-okat jellemzően (de nem kizárólag) mozgássérültek hajtják. Rehabilitációs eszközként találták ki anno Hollandiában. Magyarul nevezhetnénk kézzel hajtott biciklinek, de lehetne kézicikli vagy parabicaj is" – idézet tőlem (http://www.sasvarigyula.hu/mi-az-a-handbike/)

Kipróbálni persze könnyebb volt, mint szerezni egyet. Ennek sok oka van, sorolhatnám az eszközök magyar (fogyatékos) viszonyokhoz képest magas árát, ebből eredően még használt cikként való ritkaságát is, a nem létező sporttámogatást… Szerencsémre nem sokkal később egy apróhirdetésben találtam egy eladó darabot, így 2012 nyarán elkezdhettem handbike-ozni. Emlékszem, az alapozás, a kezdő kondíció megszerzése nehéz, de felejthetetlen volt.

Gondoltam egy merészet, és 2013 márciusban elindultam Debrecenben a Rotary Futófesztiválon, félmaratoni távon. A tél vége és a tavasz eleje nem segített a felkészülésben, hiszen sokáig megmaradt a hó és a hideg is. Öt fokos hidegben, három extra réteg ruhában, téli sapkával, sállal, kesztyűvel felszerelkezve álltam rajthoz. Az első félmaratonomon csak a tisztes helytállás, a teljesítés, **önmagam legyőzése volt a cél.** Velem együtt két másik handbike-os srác is rajthoz állt, ezért motiválhatott az is, ha végigtekerek a távon, egyből a dobogó vár. Sikerült.

Abban az évben összesen hat félmaratonon álltam rajthoz. Egyet nyertem, és négy dobogós helyet szereztem. Az ősz kisebb műszaki hibák miatt nem sikerült úgy, ahogyan terveztem, de ezek a hibák mégis új lendületet, lehetőséget adtak. Mivel komolyan kívánok foglalkozni a handbike-ozással, a 2013–14 őszi-téli időszakot arra fordíthattam, hogy édesapám segítségével, az ő mérnöki ismereteinek és több mint negyven éves gyakorlati rutinjának felhasználásával egy új, remélhetőleg nagyobb teljesítményekre képes gépet építsünk. Különös érzés úgy tekerni, hogy tudom: a sportom eszközének tervezésében és elkészítésében is részem volt.

2013 év végéig közel kétezer kilométert tekertem, Stockholmig már körülbelül jó lennék.

A 2014-es versenynaptáramban több verseny szerepelt. Elérhető közelségbe került lassan az, **ami sok ép sportolónak sem sikerül**: teljesíteni egy maratont. Felmerült az ötlet, hogy hat-nyolc handbike-os és kerekes székes társsal és segítőinkkel elinduljunk az Ultra Balatonon és váltóban küzdjük le annak 212 kilométeres távját. Olyan tervek ezek, melyekről két évvel ezelőtt álmodni sem mertem volna. SIKERÜLT!

Élsportoló már nem leszek, nem lehetek, elsősorban a szívem és az egészségi állapotom miatt, de talán utat, **példát mutathatok másoknak** abban, hogy a többszörös halál torkából visszafordulva sosem késő elkezdeni valami mást.

Kerékpározás

Jobb kar nélkül kerekezve

„Nem a kor, az elszántság számít,
és a vég nélküli gyakorlás az igazi mozgatórugó."
(Novák Ferenc, Debrecen)

Novák Ferenc nyeregben érzi teljesnek magát

Az életem meglehetősen kalandosan indult. Születésem után alig nyolc hónap elteltével anyám odaadott egy házaspárnak, akinek nem lehetett gyermeke. Nem örökbe fogadás volt ez, hanem csak olyan „szívesség". Apámat sohasem ismertem. Az új szülők által Debrecenbe kerültem, akik nagy szeretettel neveltek. Nevelőapám hordár volt, s bár szegényen éltünk, semmiben sem szenvedtem hiányt.

Olyan 9–10 éves forma lehettem, amikor **egy gyönyörű járgányt kaptam**. Azt a boldogságot! A városban a pajtásaimmal össze-vissza furikáztunk, majd később távolabbra is elmerészkedtünk. Első hosszabb utam a Hortobágyra vezetett, és vissza. Szinte **hozzánőttem a bicikli nyergéhez**. Annyira megszerettem a kerékpározást, hogy elhatároztam, versenyző leszek. Úgy éreztem, e szándékomtól senki és semmi nem téríthet el. **Következett azonban egy balszerencsés kaland.** 1945-öt írtunk. Már korábban tudomást szereztem róla, hogy Pesten, a Páter utcában születtem, és ekkorra ellenállhatatlanná fokozódott bennem a vágy, hogy felkeressem szülőházamat. Tizenhárom éves voltam, s e kor minden bátorságával, vakmerőségével és önállóságával, szüleim tudta nélkül nekivágtam az útnak. Felmásztam a vonat tetejére, és irány Budapest, majd vissza. Az utazás, az izgalom és a szokatlan élmény nagyon kifárasztott, a szemem majd leragadt az álmosságtól. Elég sokáig bírtam ébren, míg végül az álom hatalmába kerített. Nem tudom, meddig alhattam, de egyszer csak óriási robajra, és valami szörnyű érzésre riadtam fel. Az történt, hogy beestem két kocsi közé, és keservesen vettem tudomásul, hogy **a vonat tőből levágta jobb karomat**.

A fizikai fájdalom elhanyagolható volt a lelki megrázkódtatáshoz képest. Egyre az járt az eszemben, hogy egy karral mit lehet kezdeni. Mi lenne az a munka, amit bal kézzel is el tudok végezni? Mikor hazakerültem a kórházból, farkasszemet néztem a biciklivel, és elhatároztam, nem adom fel. Egy értelmetlen, **szerencsétlen baleset nem tántoríthat el eredeti szándékomtól, hogy élversenyző legyek**. Még tökéletesen meg sem gyógyultam, de a bringát már rendszeresen nyaggattam. Örömmel tapasztaltam, hogy a kerékpározásnak nem akadálya a jobb karom hiánya. A világ legtermészetesebb és legelérhetőbb céljának tartottam versenyzői álmom beteljesülését. Közben, hogy valami hasznomat is vegye a család, segítettem apámnak a hordári munkában, majd hamarosan szereztem egy saját „koleszt", így önállósítva magam, munka közben hódolhattam kerékpáros szenvedélyemnek is.

1969-ig rendszeresen rajthoz álltam országúti, háztömb körüli, valamint salakos versenyeken, előbb a DVSC, majd a Postás színeiben. A huszonnégy aktív év alatt összesen kétszáz viadalon végeztem az élen. 1952-ben Szegeden körelőnnyel győztem egy háztömb körüli versenyen, egy évvel később a 200 kilométeres megyei bajnokságot nyertem meg. 1960-ban sikerült országos hírnévre szert tennem egy Tour de Szabolcs négy napos országúti verseny megnyerésével.

Sportpályafutásomat az 50 kilométeres országos vidékbajnoki cím megnyerésével fejeztem be.

Ezután jöttek csak az igazi nagy kalandok.

Postásként negyvenkét év, 198 nap munkaviszonyom alatt ötszázezer kilométert kerekeztem le, és edzettségemnek köszönhetően egyszer sem voltam táppénzen. Nyugdíjazásom után tulajdonképpen végleg falhoz támaszthattam volna a biciklit, hiszen elértem mindent, amiről álmodtam, sőt talán még többet is, de elképzelni sem tudtam volna, hogy ne pattanjak többé nyeregbe. Ekkor jött az újabb ötlet, hogy a munkaidőben lekerekezett kilométerekhez továbbiakat gyűjtsek. De nem ám egyesével, hanem százával, ezrével. 2011-ben már 1550000 kilométernél tartottam, és **háromszor kerültem be a Guinness-rekordok könyvébe** (1996, 1997, 1999).

Négy kontinens ötven országa nevezetességeivel ismerkedtem meg, és közben hét tenger vizében kerestem enyhülést a hosszú utak során.

Általában 80–100 napig voltam távol az otthonomtól. Ötven kilogramm cuccot cipeltem a bringámon, hogy minél kevesebb kiadásból hozzam ki a költségeket. Állandó társam a rádióm volt. Nemcsak élménydús, de veszélyes kalandok is vannak a tarsolyomban. Volt, amikor srácok kövekkel dobáltak meg. Spanyolországban a hemzsegő kígyók miatt még a sátramat sem mertem felverni, ekkor a kerékpárra dőlve szunnyadtam kicsit. Végül egy kiadós amerikai turnéval zártam a világjárásom.

A kerékpáron túlmenően futóversenyeken is indultam.
Hétszer nyertem országos senior futóbajnokságot 1500 méter és húsz kilométer közötti távokon. A postások gyalogló viada-

lán is szakítottam már át elsőként a célszalagot. Többnyire megnyerem a legidősebb indulónak járó díjat.

Szívesen osztom meg az élményeimet közösségekkel, **gyakran hívnak élménybeszámolóra** az ország minden részébe, aminek örömmel teszek eleget. Korosztályom általában már a múltból él, én pedig azt nézem, hol is lesz a legközelebbi sportolási lehetőség.

A nyolcvanadik évem után is igyekszem bekapcsolódni a sportos megmozdulásokba. A májusi Békéscsaba-Arad 200 kilométeres emlékversenyt 2015 májusában 14.. alkalommal teljesítettem. Ezekkel az eseményekkel mérem a kondícióm szinten tartását, közben jólesik találkozni a sporttársakkal, és bizonyítani a közvéleménynek a rendszeres felkészülés eredményességét. Örömömre szolgál a rendezők figyelmessége, akik mindig gondoskodnak a fogadásomról. Csak edzeni, rövidebb vagy hosszabb távú célkitűzések nélkül, unalmas lenne. **Kellenek az események, amelyeken megmutathatjuk magunkat.** Fontos a rendezvények légköre, s hogy mindig szolgálnak különlegességekkel az élet legkülönbözőbb területein elkötelezett emberek.

Minden nemes céllal lehet azonosulni. Mindenkinek a maga baja fáj a legjobban, legyen szó rákról, leukémiáról, hátrányos helyzetről, biciklis utakról, és sorolhatnám az életminőség jobbítására szervezett megmozdulásokat.

Jól tudom, mennyi embernek adok hitet és buzdítom őket előrelépésre, még akkor is, ha erről nincsenek adataim.

Nem tagadom, én is figyelem az idősebb korosztályban fellelhető emberek különlegesebb teljesítményeit, és akkor nyugtázom: nem a kor, hanem az elszántság számít, és **a vég nélküli gyakorlás az igazi mozgató rugó**. Igaz a mondás: amit nem használunk, az berozsdásodik.

Kerékpározás

Amputálást helyeztek kilátásba

„Elhagyhattam a maroknyi gyógyszer beszedését, és új célokat tűzhettem ki életem hatvanas éveiben."
(Szőke Barna, Mezőtúr)

A Parlament elől Londonba kerekezett Szőke Barna

Ötvenhat éves koromban közölte velem orvosom a szörnyű hírt: **amputálni kell a visszeres panaszokkal többször műtött lábam**, mert térden alul nem érzékel rajta érverést. Elképzelhető, milyen sokkot váltott ki a bejelentés. Bármit megtettem volna, csak hogy elkerüljem a mozgáskorlátozottságot jelentő operációt. Utolsó mentsvárként **megfogadtam orvosom műtét előtti ajánlatát: kezdjek el kerékpározni.**

Eladtam az autómat, és az árán vásároltam három különböző típusú kerékpárt. Első próbálkozásom szülővárásomból, Mezőtúrról a nyolc kilométerre fekvő Nagylaposra vezetett. Bevallom, kissé izgultam, hogyan fogja bírni a lábam a terhelést. **Bal lábbal nem is tudtam hajtani, azt gumikötéllel rögzítettem a pedálra.** Meglepetésemre így is bírtam, sőt még jobb állapotban tértem vissza, mint ahogyan elindultam. Ez óriási erőt és önbizalmat adott, és nem is késlekedtem sokáig az újabb megmérettetéssel. Másnap már Gyomaendrődig kerekeztem, és ezt követően egyre rendszeresebben szálltam nyeregbe, egyre messzebbre merészkedtem.

Pár hét elteltével erősödött bennem a remény, hogy állapotom jobbra fordul. Először csak halványan, majd egyre erőteljesebben kezdett érződni lábszáramban az érverés. Ettől felbuzdulva egyetlen napot sem hagytam ki biciklizés nélkül. Szorgalmasan gyűjtöttem a megtett kilométereket. **Egészségi állapotom határozottan javult**, hála dr. Jancsovics Sándornak, a szolnoki Hetényi kórház osztályvezető főorvosának, akinek gyógyulásom köszönhetem.

Elhagyhattam a maroknyi gyógyszer beszedését naponta, és új célokat tűzhettem ki életem hatvanas éveiben.

Volt már előttem **példa a debreceni Novák Ferenc személyében**, aki egyedül, ráadásul egy karral biciklizve járta be a fél világot. Felkerestem, beszélgettünk, később kölcsönösen látogattuk egymást. Ittam szavait, és bátorsággal töltött el nagyszerű példája.

Kerestem a hasonló ötleteket, és **jöttek is szépen, sorjában a lehetőségek**. Egy alkalommal a tévében néztem Fábry Sándor műsorát, ahogy csónakkal eveztek végig a Duna mentén. – Miért ne tehetném meg én is? – gondoltam, csak éppen kerékpáron. A gondolatot tett követte: 2002. július 20-án vágtam a hosszú útnak harminckilónyi csomaggal és némi készpénzzel. Átlagban napi 120 kilométert tettem meg. Szállásként a szabad eget, az utamba kerülő füves, erdős, sziklás terepeket választottam. Tisztálkodásomat úgy oldottam meg, hogy egy erős műanyag zsákot megtöltöttem félig Duna-vízzel. Ezt egy faágra kötöttem, hogy felmelegedjen, majd néhány lyukat szúrva az aljára, már készen is állt a zuhanyzó. Étkezésem elmaradhatatlan részét képezte a napi tejadagom és a 10–12 liternyi víz. A hazai döcögős, szemetes, kipufogógázos közlekedési viszonyok külföldi tájakon kezdtek kedvezőbbre változni. Ott élvezet volt hajtani. Megúsztam az akkoriban esedékes dunai árhullámot, és 19 napos távollét, valamint **2417 kilométer** megtétele után lebarnulva, sérülés nélkül tértem vissza otthonomba.

Teljesítményemen felbátorodva elkezdtem versenyekre is járni. Micsoda felemelő érzés ott lenni a legjobbak között, átérezni a résztvevőkkel együtt egy pazarul rendezett verseny hangulatát, megosztani egymással élményeinket, tapasztalatainkat, **örülni a másik sikerének**!

Itt is először csak kisebb, vidéki megmérettetéseken indultam, majd egyre merészebb célokat tűztem ki magam elé. Első ízben 2003-ban vettem részt a **Bécs-Budapest szupermaratonon**. Mind a négy nap felejthetetlen élményt jelentett számomra, de a fővárosi Hősök terére történő beérkezés minden képzeletet felülmúlt. Ahogy az összegyűlt hatalmas tömeg éljenzése közepette besuhantam a Mezőtúr féliratú trikóban, mit sem számított a zuhogó eső, a zord időjárás, egy kicsit én is **hétköznapi hősnek éreztem magam**.

Hasonló jó hangulatban zajlik a **Békéscsaba-Arad-Békéscsaba** kétnapos kegyeleti esemény is, amit szintén szerepeltettem az éves programjaim között.

Gyakori kerékpáros próbáimra kezdett odafigyelni szűkebb és tágabb környezetem, nem mondom, jólestek az újságok híradásai. Büszkeséggel töltöttek el, de ennél sokkal fontosabbnak tartottam a személyes példamutatást, amivel esetleg egészséges vagy beteg embereket nyerhetek meg a rendszeres sportolásnak.

Olyan esemény is bekövetkezett, amire legszebb álmaimban sem gondoltam. Beválasztottak abba az öttagú kerékpáros különítménybe, akik a magyar túrakerékpárosok üdvözletét vihették az **athéni olimpiára**. Eddig életem nagyobb felében cukrász- és szakácsmesterségemmel szereztem elismertséget szűkebb otthonomban, Mezőtúron, most pedig szeretett **hazá-**

mat képviselhettem a sportolók legnagyobb seregszemléjén, az Olimpián. Micsoda ajándék ez az élettől! És egy év múlva jött a másik lehetőség, amelynek kezdeményezője már én voltam. Hazánk európai uniós csatlakozására emlékezve négyezer kilométeres útra **vállalkoztam két keréken Brüsszelbe**. Mezőtúrról 2004. május elsején indultam útra. Kerékpáromon a negyven napos úton a magyar és a mezőtúri zászló hirdette kötődésem. Tervezett célomhoz Ausztria, Németország, Franciaország érintésével értem el május 17-én. Brüsszelben felejthetetlen fogadtatásban volt részem, csakúgy, mint május 30-i visszaérkezésemkor Mezőtúron. További lendületet adott az elismerés, hogy 2004-ben **az Év Mezőtúri sportolója lettem**.

Merész tervet szövögettem a londoni olimpia idejére. Miért ne mutatnám meg, hogy **hetven évesen is képes vagyok egyedül nekivágni a világnak kerékpáron**, 20–25 kilós csomaggal? Ráadásul az egész kontinens térképe a fejemben van, nekem nincs szükségem GPS-re.

Budapesten a Parlamentben Kövér László házelnök fogadott 2012. július 18-án. A díszterembe piros szőnyeg vezetett. A negyven fokos meleg, az újságírók látványára és persze az izgalom hatására folyt rólam a víz. Az ünnepélyes aktusokat követően az MTVA stábja Gödig elkísért, majd nekieredtem a 2228 kilométeres távnak. Nem sok helyen időztem, de Ulmban részese lehettem a világ legnagyobb vízi karneváljában gyönyörködő másfél milliós tömegnek.

Utam során többnyire sátramban aludtam, egy héten egyszer engedtem meg magamnak egy szerény árfekvésű kempinget, ahol alaposabban megtisztálkodtam, kimostam és megszárítottam a ruháimat.

Igazi élvezetet jelentett az olimpia tiszteletére épített – 408 kilométeres – kerékpárúton történő haladás. Az olimpiai faluba nem jutottam be, szigorúan őrizték. A magyar vonatkozású események közül a helyszínen láttam **Risztov Éva olimpiai bajnoki fergeteges döntőjét**, a triatlonos kerékpáros és futó viadalokat, és természetesen a 100 kilométeres országúti kerékpárversenyt. Ezen az úton a verseny végeztével én is végighajtottam. Mintha gumiszőnyegen haladtam volna, olyan puha és biztonságos volt. A verseny szervezői ügyeltek, hogy el ne csússzanak a futók és a kerekesek.

A többi eseményt hatalmas kivetítőkön lehetett figyelemmel kísérni éjjel, nappal. Gumi fekvőágyat lehetett bérelni takaróval, napi 10 euróért. Ettől jóval borsosabb áron, hat fontért árulták a felülmúlhatatlan, jó hideg Borsodi sört. Így ezt az élvezetet meghagytam a magyar tájakra.

Hazatérve, szülővárosomban hatalmas tömeg fogadott. Első teendőmként átadtam az olimpiai hírességekkel aláíratott két pólót, amelyeknek árverésen összegyűlt bevételét **a mezőtúri kórház javára ajánlottam fel**.

Nagy megtiszteltetés ért, amikor szeptember 18-án részese lehettem az 1–3. helyezett olimpikonok, parolimpikonok Parlamentben rendezett fogadási ünnepségének. Eszembe jutottak azok az emlékek, amikor falnak mentem volna a fájdalmaimtól. Akkor fejfájás, migrén, lumbágó, aranyér keserítették életem. A kerékpározásnak köszönhetően minden panaszom elmúlt. Egészséges, aktív életet tudok élni. Reggel hét órakor kinyitom a feleségemmel fenntartott kis büfénket, majd irány az országút. Hosszabb utakra már nem vállalkozom, de napi 40 kilométert hajtok télen-nyáron, ezzel remek kondícióban tudom tartani a testem. Tizenhat év alatt 354 ezer kilométert tekertem szerte Magyarországon és Európában.

Hetven felett az ember már a végső búcsúzásra is gondol. Ennek kitolására az én személyes tippem: süketnek kell lenni, hogy **ne halljuk meg, ha szólít a kaszás**.

Látássérültek – hegymászás

Tekézik, túrázik, földet művel – vakon

„Hatéves koromban csupán 20 százalék volt a látásélességem, mégis megtanultam írni és olvasni."
(Dr. Kunkli Tibor, Debrecen)

Felfelé a hegyre – Dr. Kunkli Tibor egyik kedvenc időtöltése

A szembetegségemet örököltem. Hatéves koromban csupán 20 százalék volt a látásélességem, mégis megtanultam írni és olvasni, bár megerőltető volt a szememnek. Fokozatosan romlott a látásom. Az általános iskola ötödik osztályától már nem tudtam a normál nyomtatott betűket olvasni, **édesanyám olvasta fel a tanulnivalót,** az egyetemi tanulmányaim alatt pedig **besegítettek a csoporttársak is.**

Építésztervező és vállalkozó szerettem volna lenni, de ezt nem választhattam. Az ügyvédi tevékenység idegileg megterhelő volt, viszont harminc évet becsülettel ledolgoztam, és ennek hozadékával, valamint szülői anyagi támogatással megalapoztam gyermekeim jövőjét, továbbá az életem hátralévő részének kedvelt tevékenységi formáit, a földművelést és az állattenyésztést.

Két évig kárpitos szakmunkásként kerestem a kenyérre valót egy vállalatnál, lényegében tapintás alapján. **A látókkal együtt személyi teljesítmény-bérezésben részesültem.** Következett az ügyvédjelölti korszak, majd 1984 nyarától 2012-ig ügyvédként dolgoztam. A munkámban kevés ideig titkárnő és az első feleségem segített, majd már több mint 20 éve a testvéremmel dolgozom. Amióta a technikai fejlődés lehetővé tette, **számítógépet használok**.

A munka mellett is foglalkoztam szántóföldi gabonafélék termesztésével, de 2012 nyarától már csak őstermelőként dolgozom. A lakásomhoz és a nyaralómhoz tartozó kertekben gyümölcsöket és konyhakerti növényeket termesztek. A következő időszakban fejleszteni akarom a gazdaságomat állattenyésztéssel, gyógynövény-termesztéssel, -feldolgozással.

A testedzés fontos szerepet tölt be az életemben. Vakon, egyesületünk szakosztályában a következő módon **tekézem**. A harmincöt centiméter széles gurítósáv széléhez igazítom a két lábfejemet, úgy, hogy a sáv a lábam közzé esik. Negyven centire a lábam előtt leragasztok egy jelzést, amihez igazítani fogom a golyót. A segítőm a kezembe adja a golyót, ezzel leguggolok és a jelzés mellé teszem. A golyónak a jelzéstől való távolsága gurításonként milliméterekkel változhat több körülménytől és a céltól függően. A gurítósávra helyezett golyót két kézzel, egy speciális, egyedi fogással megfogom, lassan felemelkedve hátralendítem, majd előre, és az előrelendítés végén elengedem.

Amikor csak tehetem, irány a természet. **Felkerestem hazánk és Erdély közeli hegyeit**, dombságait. Egy-egy alkalommal általában 5–10 kilométert gyalogolok. Sík terepen bátrabban haladok, sziklás talajon ruganyos, behajlított térdekkel, lábbal tapogatok, meredekebb részen kézzel és hegymászó bottal segítem a haladást. Fontos, hogy a szintkülönbségeket az egyensúlyt megtartva képes legyek izmokkal korrigálni. Társaim, családom csak problémásabb szakaszon figyelmeztet a veszélyekre. **Lovagolni is szeretek.** Ahhoz, hogy sűrűbben pattanhassak nyeregbe, ridegtartású lótenyésztésbe fogok a tanyámon. Van két fiam. A nagyobbik gépészmérnökként dolgozik, feleségével és kiskorú fiaival Budaörsön laknak. A kisebbik fiam biomérnöki karon szerzett alapképzést, munka mellett képzi majd tovább magát más irányba is. Az életem a feleségem mellett teljesnek, örömtelinek tartom.

Látássérültek – kerékpározás

Élvezik a száguldást a lejtőkön

„Mi, látássérültek, nem látjuk az utat, a lámpákat, és nem tudjuk kikerülni az utunkban álló akadályokat sem."
(Mittnacht József, Győr)

Mittnacht József a Békéscsaba-Arad versenyen (2011)

A Tandem Látássérültek Kerékpározását Segítő Egyesület 2007. március 15- én alakult Győrött, 14 taggal. Fő tevékenységünk tandemkerékpár-túrák szervezése látássérültek számára, látó emberek segítségével.

A tandem szó jelentése: ketten együtt, vállvetve, egymás után, egymást kiegészítve. A tandemkerékpár kétszemélyes, két kormánya, két ülése és két pár pedálja van. Nekünk pontosan ilyen járműre volt szükségünk, amikor egyesületünket megalapítottuk. A látók érzékelik az utat, a jelzőlámpákat, és ki tudják kerülni az eléjük kerülő akadályokat. Mi, a látássérültek, erre nem vagyunk képesek, de **mi is szeretünk kerékpározni**, zenét hallgatni, humorizálni, egyszóval **teljes életet élni**. Ahhoz, hogy kerékpározhassunk, szükségünk van látó társaink segítségére. A tandemen elől ül egy látó, hátul egy látássérült. A kerékpárt természetesen az elől ülő ember irányítja, de a pedált együttes erővel tekerjük. Így **mi, látássérültek is élvezhetjük a száguldást a lejtőkön**, érezhetjük, ahogy arcunkba fúj a szél, és izzadhatunk, amikor a dombra kell feltekerni a biciklit.

Egyesületünk tagsága látássérült, mozgássérült és látó emberekből áll. Az alsó korhatár tizennégy év, felső korhatár nincs. A célt, amiért létrehoztuk egyesületünket, elértük: kialakult egy olyan baráti társaság, ahol mindenki egyformán fontos, **nincs különbség fogyatékos és egészséges emberek között, eltűnnek a korlátok**. Kerékpározás közben nagyon jókat lehet beszélgetni. Ilyenkor mindenki feloldódik, lazít, elfelejtjük az élet gondjait, jó a hangulat. Könnyebb a beszélgetés, szívesen mesélünk látó társainknak az életünkről, és ők is bátran megkérdezhetnek tőlünk mindent, amire kíváncsiak. Barátságok szövődnek, és **a párosok vállvetve segítik egymást az úton**.

Minden év tavaszán megrendezik a Békéscsaba-Arad-Békéscsaba Szupermaratont. A verseny kétnapos, a táv 200 kilométer. Megalakulásunk óta minden évben részt veszünk ezen az eseményen. Ugyanígy minden év őszén jelen vagyunk a Bécs-Pozsony-Budapest Szupermaratonon is, amely 326 kilométer távot jelent négy nap alatt. Kipróbáltuk magunkat már a Balatont megkerülő szupermaratonon is, ez sem volt kevesebb 200 kilométernél. A Velencei tavat is megkerültük egy versenyen. A Bakony rendszeres látogatói vagyunk Bakonybél környékén, de a laposabb vidékeket sem vetjük meg, hiszen a Szigetközben is koptattuk már a kerekek gumijait.

Egy-egy túra után nehezen indulunk haza, hogy visszazökkenjünk a szürke hétköznapok valóságába.

Látássérültek – Etka jóga

Elraktározódtak a fények

„Lehet ötven felett, látássérülten is tovább folytatni az életet, kitartással, szorgalommal, akaraterővel."
(Tőzsér Zoltánné Muci, Debrecen)

Tőzsér Zoltánné Muci másokat is lelkesít

Úgy születtem, hogy láttam, így megismerhettem a szivárvány fényeit. A csodálatos színek később szürkévé váltak, végül feketévé, de a sorsom úgy akarta, hogy egy időre ismét ragyogó színekben láthassam a világot, még ha nem is sokáig. Az agyamban elraktározódtak a színek, a formák, a csillogó fények.

Kabán születtem, harmadik gyermekként a családban, 1952. március 23-án. Édesapám korai halála és más családi problémák miatt kétévesen nagynénémhez kerültem. Édesanyám a bátyámmal és nővéremmel Pomázra, tőlünk háromszáz kilométerre költözött, így megszakadt a kapcsolatom velük. A nevelőanyám nem engedett hozzájuk. **Magányosnak és szomorúnak éreztem magam a világban.** Nem ismertem a szüleimet, sőt még a nagyszüleimet sem. Nagy szigorban, **szegénységben nevelkedtem**, de nélkülöznöm nem kellett. Igaz, mindenért keményen meg kellett dolgoznom már tizenévesen. Az élet megpróbáltatásait valahogy könnyen viseltem, kitartó, szorgalmas **akaraterővel leküzdöttem minden nehézséget**. Életre való voltam már kicsi koromban is, sok mindennel megáldva. Nevelőapám halála után egyedül maradtam a tőlem negyven évvel idősebb nagynénémmel, aki gonosz és kegyetlen volt. Nem szeretett engem. Bár jó tanuló, jó sportoló voltam, a továbbtanulási lehetőséget mégis megtagadta tőlem. Nem adott lehetőséget, hogy kibontakozzanak rejtett adottságaim. Amíg a ház körüli munkát el nem végeztem, addig nem játszhattam, nem járhattam szakkörökbe. A munka végére már igen elfáradtam. Pedig sok minden érdekelt, titokban olvasgattam, énekelgettem, ábrándozgattam.

Minden adottságom, ami akkor bennem szunnyadt, csak később, ötven éves korom után bontakozhatott ki. Tizennyolc évesen férjhez mentem, **húsz éves koromban egy csodálatos fiam született**. Ezután kezdődött a sorsom tragédiája.

A szemem begyulladt. Az orvosok megállapították, hogy mindkét szememen örökletes szaruhártya betegségem van, ami **végül vaksággal jár**. Ilyenkor a legtöbb fogyatékos ember felteszi a kérdést magának és mindenkinek: miért pont én!? Mit tettem én, hogy ilyen kegyetlen sorsot érdemeltem az élettől?

Választ erre nemigen kapunk. **A vak ember a sötétség poklát éli át.** Az én sorsomért némi köszönet is jár, mert látó emberként születhettem a világra, és megismerhettem a természet csodáit, az emberiség által fejlesztett tudományok világát. De belenyugodni, elfogadni sohasem lehet, hogy mindezt többé ne lássam. Huszonkét éves koromtól kezdtem lassan elveszteni az éleslátásomat. A szemem szivárványfényei elé szürke fátyol ereszkedett, és végül minden koromfeketévé vált.

Amíg láttam olvasni, írni, általános ápolónői és asszisztensi diplomát szereztem. A szemklinikán kaptam szemészasszisztensi állást. Arra gondoltam, hogy itt majd tudnak rajtam segíteni. El is kezdődött a kísérleti sorozat. Harminckét éves koromban megtörtént az első szaruhártya-átültetésem. Közben a másik szememen is kezdődött a homályosság. Az operált szememet ismét szürkévé tette a betegség, ekkor ismertem meg a látássérült emberek világát, amit nem tudtam elfogadni, ami ellen lázadoztam. Ismét magányosnak éreztem magam, annak ellenére, hogy nagyon jó férjem és okos, jól nevelt fiam vett körül. **Mély depresszióba süllyedtem.** Rossz gondolatok uralkodtak el rajtam, mert sajnos az én csodálatos fiam is örökölte ezt a kegyetlen, vaksággal járó betegséget, és itt van a kérdés, hogy **a tündérszép, kék szemű unokáim örökölhetik-e?**

Bízom az orvostudományban és az alternatív gyógyászatban. Jött sorban a csoda, a segítő emberi kapcsolatok, amiket végül elfogadtam. Elkezdődött Magyarországon is a természetgyógyászat, az életmódtáborok előadásai, ahová a kedves barátnőim kísértek el.

Egy csodálatos tanítómesterhez vitt el Markovics Erzsébet tanárnő barátnőm, akit **Etka Anyó néven ismert meg a világ**. Amikor megláttam közelről a ragyogó szemét, kedves, mosolygó arcát, hatalmas hajkoronáját, törékeny termetét, megszólalni se tudtam. Bátortalanul kezdtem mondókámat, túlsúlyosan, hajlott háttal. Látásproblémáim mellett különböző ízületi fájdalmakról panaszkodtam. Ő az én spirituális jótevőm. Bátorított, **megtanított arra, hogyan lehet ötven felett, látássérülten is tovább folytatni az életet**, kitartással, szorgalommal, akaraterővel. Segítőkészsége, támogató szeretete segítségével elvégeztem a rekreációs sportoktatói tanfolyamot, kondi és talpmasszőr tanfolyamot és egyéb kurzusokat. Egyre több emberrel kezdtem el foglalkozni. Oktattam, segítettem, buzdítottam őket a céljaik elérésére. Bárhol megjelentem, vidámság, öröm vett körül. Az emberek nem látták a homályos világomat, mert ha csak tehettem, mindig titkoltam. Csak akkor kértem segítséget, amikor már nem tudtam elvégezni a munkát vagy ellátni magamat.

Majd ismét közbeszólt az élet tragédiája. Egy rossz mozdulat következtében a bal szemem bevérzett, és ismét a szemklinikára kerültem, ahol húsz év elteltével ismét felajánlották az újabb szaruhártya átültetést mindkét szememen. Fél év gondolkodás után elfogadtam az ajánlatot. **Hosszú, fájdalmas műtétek sorozata következett.** Az első szaruhártya kilökődött, nem fogadta be a szervezetem. Majd szürke hályog keletkezett mindkét szememen. Azután zöld hályog, ami miatt egy életen át cseppenteni kell a szemembe naponta kétszer. Varratszedések, korrekciós műtétek. Mindezt öt éven át türelemmel végigküzdöttem egy mellettem kitartó, kedves, segítőkész baráti társasággal. Etka Anyó, amíg a kórházban feküdtem, telefonon keresztül küldte biztató, gyógyító szavait. **Meditációs kazettái mindig erőt adtak a fájdalom leküzdéséhez**, és segített hinni abban, hogy újra látni tudok.

A remény sugarai ismét felragyogtak. Ennek azonban az volt az ára, hogy le kellett mondanom mindarról, amit addig elértem, amit nagy örömmel, élvezettel, szeretettel csináltam: az emberek sportoktatásáról, a tánctanításról, a kirándulásokról, kerti partikról, a hegymászásról, egyszóval mindenről, ami a szem megerőltetésével jár.

Öröm volt, hogy látok, de **hiányzott a mozgás**. Ismét rossz gondolatok kerítettek hatalmukba. Depresszió gyötört, és az a tudat, hogy újra elveszítem az éleslátásomat, ha a betegség megbetegíti az új szaruhártyát.

A szivárvány fényei, amelyek korábbról elraktározódtak az agyamban, újabb bátorítást jelentettek. Sok szép zenét, verset hallgattam, próbálkoztam énekelni és szavalni, hogy ezáltal tartalmasabbá és színesebbé tegyem az életemet. **Nyugdíjas körökben, rendezvényeken léptem fel énekléssel és szavalással**, ami nagy közönségsikert hozott. Az országos Radnóti szavalóversenyen döntős lettem. Vers- és prózamondók országos találkozóján különdíjban részesültem. Saját verssel is próbálkozom, amatőr szinten írogatok. Nyugdíjas dalkórus tagja vagyok. Népdal kategóriában a helyi megmérettetések után országos **KÓTA-minősítés ezüst fokozatát érdemeltem ki**.

Bekapcsolódtam a Nyugdíjasok Hajdú-Bihar megyei Képviselete a Mozdulj Magyarország Mozgalom programjának szervezésébe. Egy hétvégi, hangulatos délelőtt programját állítottam össze, a Szoboszlói úti általános iskolában. Az iskola tanulóinak aerobik gyakorlata után a vonatozás rigmusaira énekeltünk, hajlongtunk, guggoltunk felszabadultan, felhívva a figyelmet a családok, a fogyatékosok, valamint az idősek egészségi állapotának a javítására, a mozgás jótékony hatásainak népszerűsítésére.

Mindezeket azért írom le, hogy mások számára is példa legyen: ha kitartása, akaratereje, szorgalma van az embernek, mindig felkínál az élet olyan elfoglaltságokat, amiben **örömet és boldogságot lehet találni a további élethez**, esetemben még tizenhárom szemműtét után is. Én csak magamon akartam segíteni, és a végeredmény az lett, hogy **másokra is tudok hatással lenni**.

Látássérültek – rádióamatőr

Az alkotó ember előtt nincs akadály

„Mindennapi segítőtársam a beszélő számítógépem."
(Rózsa Dezső, Debrecen)

Rózsa Dezső verset is ír

Kárpitos szakmunkás-bizonyítványt alig-látóként szereztem, de szemem fokozatos romlása következtében **telefon alközpont kezelőként** dolgozom hosszú évek óta, megelégedésemre.

Még iskolai tanulmányaim idején ismerkedtem meg a rádióamatőrködéssel, ami **ablakot nyitott számomra a világra**. Egyéni hívójelet – HG0EK – 1981-ben kaptam. Ez sokoldalú lehetőséget ad viselőjének, én is élek vele folyamatosan.
Havonta vezetek másfél órás magazinműsort.

Ötödik éve szervezek „Szavamat Adom" címmel városi rendezvényt országos hírű személyiségek meghívásával, évi két alkalommal, azzal a törekvéssel, hogy a vak ember mutassa meg magát a látónak, ünnepet varázsoljunk a mindennapi létből való kimozdulással.

Tudósítást vállaltam Siófokon és Nyíregyházán a rádióamatőr iránymérő világbajnokságról 1992-ben és 1998-ban. Gyűjtőmunkát végeztem a vak és gyengén látó költők és írók antológiájának kiadásához. Az „Óda a Fényhez" című antológia azzal a céllal jelent meg 1992-ben, hogy kimozdítsa a vak embereket a relatív bezárkózottságból.

Magam is **írok verseket**. „Rózsáim" című kötetem 2008-ban jelent meg. Négy évvel később „Őszi rózsák" címmel adtam ki összegyűjtött verseimet.

Mindennapi segítőtársam a beszélő számítógépem, amely nélkülözhetetlen az alkotó tevékenységeim során. Gyógypedagógus feleségemmel jól kiegészítjük egymást. Gyermekünk nincs, de a keresztfiam pótolja ezt a hiányt.

A munkahelyem szobácskájába lépő ember elcsodálkozik a falakat borító képek láttán. A sok apró plüssállatka származására is rákérdeznek. Bár én ezeket nem látom, de érzem a kisugárzásukat, a szeretet áramlását felém azoktól, akik megtiszteltek ezekkel a tárgyakkal.

Méltán merülhet fel a kérdés, érzem-e hiányát valaminek az életemben. Az a válaszom, hogy mindig olyan következő célra összpontosítok, amelyet képes vagyok megvalósítani.

Országosan is elismerték munkámat. A Magyar Rádióamatőr Szövetségtől Életmű-díjat kaptam, míg a Vakok és Gyengén látók Országos Szövetsége, Braille plakettel jutalmazott.

Meridián torna 3-1-2

Műtétek sorozata után

*„Mozgás és közösségi hovatartozás nélkül
nem is tudom, hol tartanék."*
(Márki Erzsébet, Debrecen-Józsa)

Márki Erzsébet közösségre talált (jobbról a 4.)

Fogászati kezelésen estem át 1989 nyarán. Jobb oldalon egy fogkoronát helyeztek be, amit többször is csiszolni kellett, ugyanis felsértette a nyelvem. Az orvos helyi kezelést írt elő. Néhány nap után nem éreztem javulást, ezért onkológiai szakrendelésre küldtek. Ez volt az a pillanat, amikor elkezdődött a kálváriám Kolozsváron.

Nyelvtumorra gyanakodtak, ezért szövettani mintát csíptek ki a nyelvgyökből, és a szövettani vizsgálat eredményét meg sem várva, rögtön elkezdték a sugárterápiát. Itt volt a nagy bökkenő! Hatalmas dózisban adták a sugárterápiát hosszú heteken keresztül. Nagyon legyengültem, elégették a nyelő izmokat, egy hónap leforgása alatt már alig tudtam még pépes ételt is lenyelni. Ekkor a további sugárkezelést visszautasítottam.

Ők is látták, hogy túlsugaraztak, látták, hogy itt már baj van, és szájsebészeti beavatkozás szükségességét javasolták, amit akkor Romániában nem végeztek, de ebben az időben sehová sem adtak útlevelet, még Magyarországra sem.

Szerencsém volt a férjemmel, aki ismert író, újságíró lévén nagy összeköttetések igénybe vételével szerzett útlevelet Magyarországra, ahol egy katolikus pap barátunk révén eljutottam Pécsre, a Szájsebészeti Klinikára, ahová beutalót adtak november végén. December 5-én nyolc órás műtéten estem át, eltávolították az elégett részeket. A jobb ütőeremet elkötötték, sajnos a nyelő ideg is elvágódott, hiszen egy gyermekököl nagyságú összeégett masszát kellett eltávolítani. Az első kötözéskor döbbentek rá, hogy az elégetett szövetek kidobták a varratot, a nagy vágás szétnyílt. Ezután **következtek a korrekciós műtétek egy fél éven át.**

A legnagyobb, szintén nyolc órás műtét a jobb vállizom „felbuktatása", amivel sikerült pótolni az elégetett szöveteket, a szájüreg bezárásával. A táplálkozásom a nyelőcsövön direkt a gyomorba bevezetett szondán keresztül történik azóta is.

A legnehezebb az operáció utáni négy hét átmeneti idő volt, amíg a jobb oldal átvette, „hozzászokott" a csak a bal oldali carotis létezéséhez, a kisebb oxigénellátáshoz. Ez roppant nehéz időszak volt nekem, de talán még nehezebb a környezetem számára.

Itt meg kell említenem egy érdekes momentumot: egy éjszaka felkeltem, felöltöztem, a második emeletről lementem a főkapuig, mondván, hogy haza akarok menni Kolozsvárra. Reggel, amikor a főorvos elmesélte, mi történt, elcsodálkoztam, mert semmire sem emlékeztem. Én ezt a tudatalatti működésének tulajdonítottam.

Sajnos beszélni nem tudtam, **egy évig mindenkivel csak írásban kommunikáltam.**

Hat hónapig tartott a kórházi kezelésem, azután naponta bevitt a férjem kötözésre. Csak ekkor mutatta meg a főorvos a műtéti csonkítást, és **egy ismeretlen arc nézett vissza a tükörből**. Nagyon elszomorodtam, nehezen tudtam, és a mai napig sem igazán tudom feldolgozni ezt a hatalmas fizikai változást. Ezután még következtek apró korrekciós beavatkozások, és ekkor kezdtem újra beszélni tanulni! Életem végéig gyomorszondán keresztül kell táplálkoznom.

Mikor hallottam egy debreceni gyalogló csoportról, tizenegy kilométerről csatlakoztam hozzájuk. Ott **ismerkedtem meg a Nordic Walking bot használatával**. A közösségben végzett gyaloglás, az erdei reggeli tornák nagyon sokat javítottak erőnlétemen és kedélyállapotomon.

Az újabb lendítő erőt a 312 meridián torna bevezetése hozta életembe, de a kilencven év feletti anyukáméba is. Ő a három fő akupresszúrás pontot masszírozta otthoni körülmények között rendszeresen. Három hónap elteltével stabilizálódott a vérnyomása. Csökkenteni tudta gyógyszermennyiségét, segítség nélkül sokáig ellátta magát.

Engem nagyon kedvesen fogadtak és elfogadtak a **Fény Felé Alapítvány Kortalanul Fitten Gyalogló Klub** tagjai. (www.fenyfele.hu)

A kiskutyámnak hoznak kis harapnivalót, amit már nagyon vár a gyaloglás végén. Általában jön velünk valaki, mert mi a kisebb kört tesszük meg reggelente. Bátorítanak, hogy menjek el velük egyéb szabadidős rendezvényekre. Így én is **részese lehetek az országos mozgásfesztiváloknak**, ahol még hasznomat is veszik a csomagok őrzése terén.

Mozgás és közösségi hovatartozás nélkül nem is tudom, hol tartanék egészségügyi kálváriám következményében.

Meridián torna 3-1-2

Egyhuzamban huszonegy alkalommal

„Pár hónap rendszeres testmozgás után garantált a jó közérzet, a gyökeresen javuló életminőség."
(Tabajdi György, Debrecen-Józsa)

Tabajdi György a fa „ölében" imádkozva

Negyvenkét év és kétszázhét nap mérnöki munka után „vonultam" nyugdíjba végérvényesen. Eleinte nem igazán tudtam mit kezdeni a hirtelen reám szakadt rengeteg szabadidővel. Próbáltam olvasgatni, amit nagyon szerettem ifjú koromban, de az aktív felnőttkori robot évtizedeiben kevesebb időm maradt rá. No, gondoltam, most bepótolom, amit elmulasztottam. De ez is csak átmenetileg segített kitölteni napjaimat. **Egyre kedvetlenebb, mogorvább lettem.** Elfogott a felesleges ember – az orosz irodalomból jól ismert licsníj cselovek – érzése. A folyamat vége egy jó kis nyugdíjas depresszió lett, ami, úgy hallottam, nagyon sok hasonszőrű „kezdő" nyugdíjast elkapott már. Ekkor találkoztam Kiss Erzsébettel, aki a gyülekezetünkben könyvbemutatón ismertette a Novák Ferencről, a világjáró kerékpáros postásról frissen megjelent könyvét. Feri bácsi, aki egy ifjúkori balesetben elvesztette a jobb karját, egész hosszú életében kerékpározott. Rendszeresen nyerte nemcsak a korosztályos, hanem az évtizedekkel fiatalabbakkal vívott kerékpárversenyeket is, túl a nyolcadik X-en. A könyvismertetés után Erzsike beszélt arról, hogy **milyen fontos a mozgás az életünkben**, és bemutatót tartott a 3-1-2 meridián tornáról. Elmondta, hogy a Nagyerdő egy bizonyos pontján minden reggel fél hétkor indul a gyalogló csapata egy 3–4 kilométeres erdei sétára, és utána tornáznak.

Emlékszem, **hetekbe került, amíg rászántam magam a korai, fél hatos felkelésre,** és elmentem a jelzett helyre a megadott időpontban. Egy életvidám nyugdíjas csapatot találtam ott, akik azonnal befogadtak, elfogadtak. Másnap talán egy percet késtem, de már akkor az Állatkert előtt járt a csapat. Ebből azonnal megértettem, hogy a fél hét, az fél hétkor van és nem utána egy perccel. Nem tagadom, eleinte nagyon nehéz volt rendszeresen felkelnem a nekem korai időpontban, és időre ott lennem a megbeszélt helyen. Azt olvastam valahol, hogy **aki huszonegyszer egymás után megcsinál valamit,** azzal azt bizonyítja, hogy akárhányszor képes megismételni.

Kipróbáltam ezt a módszert. Erőt vettem magamon, többször újra kezdtem a számolást, amíg eljutottam az egyhuzamban huszonegy alkalomig. 2013 novemberében sikerült. Ez euforikus örömet jelentett számomra. Azóta mindennap végigjárom az utamat. A szánkódombon – a fakoronák magasságában – elvégzem a 3-1-2 meridián tornát, megtoldom kétszer nyolc fekvőtámasszal, utána beülök a háromágú akácfám ölébe, ami önzetlenül adja át nekem a reggeli energiáit (a fák reggel adják le az energiáikat, este pedig felveszik). Az akácfám ölében, **közel a Jóistenhez elcsendesedem, imádkozom.** Annyi időt töltök így, amennyi jólesik. Sohasem számolom a perceket. Ez nem a rohanás ideje. Aztán felállok, megsimogatom a fán a fejszenyomokat, megköszönöm neki hogy az ölébe fogadott és adott az energiájából, aztán Wass Albert szavaival üzenem neki, hogy „... ne féljen, ha csattog is a baltások hada, mert erősebb a baltánál a fa, s a vérző sebből virradó tavaszra új erdő sarjad győzedelmesen". Erre a másfél órára a telefonomat sem viszem magammal, ilyenkor senki se zavarjon hétköznapi dolgokkal.

Hetente kétszer leúszom 30–30 hosszt a sportuszodában, május végétől pedig a látóképi szörfös tavon készülök a Balaton átúszásra. 2014-ben harmadszor sikerült teljesítenem.

Ja, ha még nem mondtam volna, **a nyugdíjas depressziómnak se híre, se hamva**, sőt elhagytam a felírt gyógyszereimet is. Eltűnt a pocakom, úgy, hogy egy percig sem fogyóztam, és jól érzem magam a bőrömben. Reggelente fél öt előtt már ébren vagyok, néhány perccel a telefonébresztés előtt. Alig várom, hogy elindulhassak. Mindennap megyek, a hétvégeken és az ünnepnapokon is, elvégre akkor is eszünk, lélegzünk, miegymás. Semmi okot nem látok arra, hogy akkor ne menjek. Ha Józsán esik, ahonnan kocsival bejárok, akkor abban reménykedem, hogy Debrecenben a volt csónakázó tó környékén nem esik, és legtöbbször igazam van. Az elmúlt másfél évben mindössze egyszer fordított vissza az eső, de akkor is megvártam az Állatkert előtti tető alatt, míg elállt.

Szeretném Kiss Erzsébetnek megköszönni, hogy elvezetett ide, segített felfedezni a Nagyerdőt. Ötven éve élek Debrecenben, és nem tudtam, hogy milyen kincs van a közelemben, és ez újra értelmet adott az életemnek.

A reggeli másfél óra után egészen más az egész napom, **nagyobb a munkabírásom, a terhelhetőségem, a rugalmasságom**. A 3-1-2 meridián torna az egész testet átmozgatja a belső szervekkel egyetemben. A gondosan és szisztematikus, tudományos módszerességgel összeválogatott gyakorlatsor nagyon hatékony, ugyanakkor nem nehéz. **Nyolcvan éves társaink is könnyedén végzik**. Nyugodtan állítom, hogy csodaszer, de csak akkor, ha napi rendszerességgel végzik. Ajánlatos este lefekvés előtt is tornázni. Néhány alkalom után senki se várja azt, hogy egy csapásra megváltozik az elfuserált élete. Pár hónap rendszeres testmozgás után viszont garantált a jó közérzetet, a gyökeresen javuló életminőség. Nekem nagyon bevált. Felemelő érzés volt személyesen találkozni a Budapestre látogató 92 éves kínai Zhu Zong Xiang biofizikus orvos professzorral, a 3-1-2 meridián torna atyjával és világhírű propagálójával. Megosztottam vele személyes tapasztalataimat és azt, hogy mit köszönhetek a 3-1-2 meridián tornának.

Meridián torna 3-1-2

Légy saját magad akkumulátora

„Életbevágó, hogy megtanuljuk levezetni a stresszt."
(Varró Istvánné Borka, Debrecen)

Varró Istvánné Borka a Világ Gyalogló napon (balszélen)

Gyermek intenzív osztályon dolgoztam 1978-tól nyugdíjazásomig. Elképzelhető, mennyi izgalommal járt a foglalkozásom. Életbevágó, hogy megtanuljuk levezetni a stresszt. Én ezt a testmozgásban találtam meg: a munkahelyemre kerékpárral jártam, csatlakoztam a Fény Felé Alapítvány Kortalanul Fitten Gyalogló csoporthoz. A közösséget Csordás Lászlóné hozta létre 2000-ben, tagdíj és kötelezettségek nélkül működik azóta is. Bármikor lehet csatlakozni a reggelente fél hétkor induló csoporthoz.

A kiadós három és fél kilométeres gyaloglás után a camping előtti erdei tornapályán végzünk különböző nyújtó-, erősítő gyakorlatokat.

Amikor Kiss Erzsébet testnevelő vette át a csoport vezetését, sokféle mozgást tanultunk meg tőle. **Megtanította a nordic walking bot szakszerű használatát.** Elsajátítottuk a 8 brokáttekercs kínai csikung gyakorlatsort. Bel- és külföldi utjairól mindig hoz valami újdonságot, amit önzetlenül megoszt velünk. **A legnagyobb változást a 3-1-2 meridián torna bevezetése hozta.** A Zhu Zhong Xiang professzor által védjegyzett mozgássort dr. Eőry Ajándok professzor útmutatásai alapján vezetik a tanítványok az ország közel kétszáz pontján, ingyenesen. A kínai egészségfelfogás szerint **fejlesztjük az energiát, a csít a szervezetünkben**, az egészséges állapot fenntartása érdekében. Az elnevezésben szereplő 3-as szám arra a három meridián pontra utal, ahol a vastagbél, a szívburok és a gyomor munkáját serkentik akupresszúra segítségével. Az 1-es jelentése alatt, a hasi légzéssel a vese, gyomor, lép, máj dolgozik nagyobb kedvvel. A „2", a láb erejének növelését segíti, guggolások formájában.

A 20–30 percet igénybevevő tornát **kortól függetlenül lehet végezni**. A résztvevők szinte egyöntetűen érzik a gyakorlatok kedvező hatását életminőségük javulására, hangulatukra, fáradtság-érzetük csökkenésére. Sokaknak rendeződött a vérnyomása, javult az emésztése. Többen el tudták hagyni a hashajtó szedését. **Csökkent a depressziós hangulat.**

Miután észrevettük magunkon a kedvező változásokat, Erzsike **megkezdte misszionáriusi munkáját**. Elkezdte járni az országot, hogy minél több helyen megismertesse a hatékony módszert. Előadásokat tart, újságcikkeket ír. 2014-ben fejezte be harmadik inspiráló könyvét. Mivel részt vett **Kínában a 3-1-2 világkongresszusán** az Eőry professzor által vezetett küldöttség tagjaként, vetít az ottani tapasztalatokról, majd bemutatja a mozgássort, amit egyszerűsége folytán bárki el tud végezni vele. Ezekre az alkalmakra mi is elkísérjük, időnk és lehetőségeink függvényében.

Bemutatkoztunk a fővárosiakkal a *Mozdulj, Mama!* Margit-szigeti programon. Rendszeres részt veszünk a Coca Cola Testébresztő fesztiválon, a Szépkorúak rendezvényein. Csatlakozunk, a MOVE Week programjaihoz. Részt veszünk a Világ Gyalogló Nap helyi rendezvényén. Ahogy terjed a módszer híre, úgy kapunk egyre több helyre meghívást: idősek napjára, könyvtárakba, vidéki alkalmakra.

Arra buzdítunk fiatalokat, idősebbeket, hogy minél többen hozzanak létre csoportokat, és éljék át ők is, **milyen áldásos jó közérzettel végezni a napi feladatokat.**

Elhatároztam, hogy elvégzem a kétnapos klubvezetői tanfolyamot. Tervemet 2013 októberében valósítottam meg Budapesten. A módszer és az akupresszúrás pontok megismerésével **magabiztosabb lettem**, önbizalmat adott a testtudatos ismeret. Ha időm engedi, szívesen megyek megmutatni, tanítani a gyakorlatokat.

Nagyon szeretek Debrecenben lakni, sok jó embert megismertem. Több egyéb téren igyekszem fejleszteni magam. **Ismerkedem az önkéntes betegápolással, a szenvedélybetegek hozzátartozóinak való segítségnyújtásával.**

Alig vártam, hogy nyugdíjas legyek, és végre rendet tudjak tenni magam körül. **Törekszem Monspart Sarolta szavait megszívlelni és követni:** dolgozzunk magunkon, hogy negyven év munka után még negyven évig élvezzük a nyugdíjat, és ehhez a rendszeres testmozgás hozzásegíthet.

További információ:
http://moveweek.eu/
http://hungary.moveweek.eu/
www.312.hu
www.fenyfele.hu
www.testebreszto.hu
http://hungary.moveweek.eu/event/show/998/reggeli_gyaloglas

Nordic Walking

Egyik „botkóstolót" követte a másik

„Nem voltak megfázva, nem kapták el az influenzát, edzettek lettek."
(Dely Márta, Cegléd)

Deli Márta a vértesi túrán (2014)

Közel 35 éve ügyfelekkel foglalkozom, a munkám irodai üldögéléssel és időnként stresszel járt. **Ép testben épp, hogy élek?** Ez nem jó nekem. A felismerést tett követte, és mintegy 25 éve rendszeresen úszom, kerékpározom, vízitúrázom és elkötelezett híve lettem a nordic walkingnak is. Így sikerült a kerekded alkatomat fitten, jó kondícióban tartani.

Ép testben ép lélek! Családom kedvelt téli sportja a síelés. Mikor a lányaim kicsik voltak, együtt tanultunk síelni. Míg ők a lejtők „ördögei" lettek, én féltem a meredek pályákon, így **sípályafutásomat egy esés hamar kettészelte**.

Mivel imádom a természetet, a túrázást, a síbotommal felfedeztem a pályák mellett futó turistautakat, amelyeken a csúcsig lehet gyalogolni. 2005-ben a Lipcsében tanuló lányomat meglátogatva figyelmes lettem egy-két csoportra, akik **bottal jártak,** igen gyorsan haladtak, és nem csak idősek, hanem fiatalok is.

Figyeltem őket, és itthon síbotom segítségével, később már teleszkópos túrabotommal **próbáltam utánozni**. Barátaim azt hitték, biztosan a térdem miatt használok a túrákon botot. Mivel nem tudtam, hogy pontosan mit csinálok, nem magyarázkodtam. **Nem győztek lihegve, szuszogva utolérni.**

A Pest Megyei Szabadidősport Szövetség ügyvezető elnöke 2009-ben hívott: „Nordic walking instruktori képzés indul, gyere!" – mondta. Szakavatott trénerünk megismertetett a sportág rejtelmeivel, így elkezdtem csapatot szervezni Cegléden. Egyik „botkóstolót" követte a másik.

2009. május 20-a, a Kkihívás napja számomra is kihívást jelentett. Nyársapáton, az általános iskolában a tanárok, adminisztratív dolgozók mellett a gyerekek is gyorsan, **játékos formában ismerkedtek a botos gyaloglással**.

A tápiószentmártoni sportcsarnok parkjában az idősek kondicionáló tornáján tartottam „botkóstolót". **Az idős hölgyek bátran használták a botokat**, míg a férfiak csak nevetgéltek az eleinte csetlő-botló mozdulatokon. Botos gyaloglásunk óta eltelt néhány hónap, mire ismét találkoztam a csoporttal. Egyikük elmondta, hogy fél éve műtötték a csípőjét. Kezdetben kerékpárt tolva járt-kelt a községben, mert félt, hogy elesik, és a bevásárló táskáját nem merte a kezében vinni. Boldogan mesélte, hogy ezzel **a bottal könnyebb a járása, már nem fél**, sőt hátizsákkal és túrabottal jár a boltba.

Népszerűsítő trénerként Tápióbicskére is elmentem az általános iskolába. A sportnap egyik állomásán az északi gyaloglással történő ismerkedés volt a feladat. Nem csak a pontok miatt jöttek a gyerekek, **tetszett nekik a botozás**, a vonatozás közben pedig még énekeltünk is. Vidám, fárasztó, élményekben gazdag nap volt.

A több korosztállyal történő foglalkozás sok tapasztalatot jelentett számomra.

Ezt követte a nagycsaládosok, majd a gyengén látók sportnapja, valamint a kartali sportnap. Ez utóbbi majdnem kudarcba fulladt, mert „én ugyan nem gyalogolok botokkal!" – mondták a felnőttek és a gyerekek is. Vége lett a kispályás focinak, és egy-két általános iskolás fiút sikerült becserkésznünk. Megdöbbentő volt az eredmény. A város „menő" kis focistáinak a fele nem tudott bottal a kezében ellentétes kéz- és láb technikával járni. Ezt látva a büszke apukák is bottal a kezükben tapasztalták meg, hogy **nem is olyan egyszerű az elméletileg „természetes járás"**!

Tápiógyörgyén a község doktornője csoportot szervezett. Heti egy alkalommal vagy ők jönnek át Ceglédre, vagy én megyek hozzájuk. Példaértékű!

A garami évadnyitó vízitúrára az ország különböző városaiból jöttek a résztvevők. A reggeli torna, az egész napos evezés és az esti levezetés után északi gyaloglást is hirdettünk. Az első nap reggelén mindössze 3–4 résztvevő jött a megbeszélt időben, de délután már a csapat nagy része gyalogolt a botokkal. Így vált hagyománnyá, hogy amit leevezünk, azt le is gyalogolja mozgalmunk a Jezer vízitúrákon.

A Túr torkolatánál, az Ősdiósban Waldorf iskolásokat ismertettem meg a nordic walking rejtelmeivel, szintén egy vízitúra alkalmával.

A „Tízezer lépés" program nagy sikert aratott városunkban és térségünkben. Ennek köszönhetően sok közép- és általános iskolás diák és tanár gyalogolt bottal vagy anélkül. A pedagógusok közül többen azóta is, elfoglaltságuktól függően, rendszeresen ellátogatnak tréningjeimre.

Cegléden igény szerint rendszeresen tartok „botkóstolót", nordic walking órát, tréninget hetente egyszer kezdőknek, kétszer „haladóknak". Megismerkedünk a Ceglédi Termálfürdővel és a mellette lévő dűlőkkel, a homokbányával. **Felfedezzük**

erdeinket, a Putrisarki-Kámáni-Csemői erdőt. Átjárunk a Tápió-menti tanösvényre, az albertirsai Dolina-völgybe.

Megtanítottam csapatomat a **pulzusmérő-óra információinak gyakorlati használatára** is. Már négy óra segíti társaimat gyaloglás közben.

A rendszeresen járók két csoportot alkotnak. Akik a helyes technikával gyalogolnak, beszélgetnek, inkább nézelődnek. Lassabban haladnak, ők így elégedettek és nem is motiválja őket, hogy adott idő alatt hány kilométert tesznek meg, hány kalóriát égetnek el. A „hajtósak" folyamatosan nézik az órájukat, nagyobb teljesítményre törekednek. Amikor vegyes társaság jön össze – ez általában szombaton fordul elő –, a csapat kettéválik. Instruktor társam vezeti a haladókat. Ő a futó edzéseinek kiegészítéseként jár velünk. **Ők alkotják a húzóerőt, akiket utol kell érni!**

Amikor a csoport megérett a nagyobb kihívásra, kirándulást szerveztünk Várkútra. Egyik nap 15, másik nap 20 kilométert tettünk meg, hegyre föl és völgybe le.

Rendszeresen részt veszünk a Mikulás túrákon: december 6-án a hegyekben túrázunk, énekelünk a Mikulásnak! 2009-ben az évet a Mátra-alján, Markazon búcsúztattuk. Itt adtuk át a **„Tél bajnoka" oklevelet**, mert mínusz 12 fokos hidegben, hóesésben, szélviharban fel sem vetődött a kérdés, hogy lesz-e tréning, megyünk e kirándulni.

Húsvétkor Perőcsénybe látogattunk két napra. **Változatos domborzat és talajviszonyok között gyakoroltuk a páros karú botozást, a rézsű menetet.** Többször keltünk át patakon, vonatoztunk elhagyott sínpáron. Huszonnégy kilométert teljesítettünk változatos terepen.

A „Tél bajnokai" – akik minden alkalommal élen jártak a rendezvényeken – **nem voltak megfázva, nem kapták el az influenzát, edzettek lettek**, követésre méltó életet élnek. Az alkalmi gyakorlók között volt egy-két lázzal járó megfázás.

Azt sem titkoljuk, hogy nem mindenki makkegészséges, de figyelünk egymásra, **fokozatosan terheljük szervezetünket**, fejlesztjük kondíciónkat.

Túrázás közben beszélgetünk az egészséges étkezésről, öltözködésről, a természet változásairól. Leginkább az tetszik, amikor **"börzéznek"**, ki-mit hol vett, hol lehet most olcsón idényszerű, jó túracipőt, nadrágot, kabátot, kesztyűt, kis hátizsákot venni. Trénertársammal rendszeresen tornázunk, kondizunk, és természetesen ellenőrizzük a technikánkat, megbeszéljük a hibajavításokat, a rávezető gyakorlatokat.

Az elmúlt években a heti 2–3 tréningeken kívül **rendszeressé váltak az egynapos és hosszú hétvégi túrák.** Már teljesítettük az Országos Kék Túra több szakaszát is.

Az érdeklődés folyamatos. Nagykovácsiba egy pedagógus team csapatépítő tréningjére hívtak bemutatóra. Egy 66 éves hölgy a férjével jött át Veresegyházról, mert **szeretnék megtanulni a helyes technikát.**

Nekem ezek a megkeresések nagyon jólesnek. A visszajelzésekből úgy érzem, hogy sikerül népszerűsítenem a botos gyaloglást, és ez motiválóan hat rám, ösztönöz a további terveim megvalósításában. Programjaim folyamatosan láthatók a nowa, és a pemesz.hu honlapokon!

Számomra **fontos, hogy én is folyamatosan fejlődjek**, hogy jó kondícióban legyek a sor elején. Ezért is örülök a Magyar Szabadidősport Szövetség rendszeres rendezvényeinek és továbbképzési alkalmainak, amelyeken örömmel veszek részt.

Sikeresnek mondható a **Coca Cola Testébresztő Mozgásfesztiválon** való részvételünk. Megtiszteltetésnek vettük, hogy 2014-ben, és 2015-ben városunk adhatott otthont a Szépkorúak Testébresztő Fesztiváljának, ahol öt korcsoportban több száz résztvevő próbálhatta ki felkészültségét. Gyakorlatilag a nyitástól zárásig érdeklődött, és természetesen gyalogolt is az idősebb korosztály, csatlakozva a Move Week nemzetközi programjához.

Nordic Walking

Becsontosodás az íróasztal mellett

*„Az legfőbb cél, hogy minél több hivatali dolgozó
sportoljon rendszeresen."
(Varga Ágnes, Szeged)*

Varga Ágnes derékfájdalmai elmúltak a rendszeres mozgás hatására

Sportpályákon nőttem fel, sokoldalú szüleim jóvoltából. Édesapám focizott, salakmotorban nemzetközi szinten bíráskodott, és Szeged legnépszerűbb egyesületében vezette a kézilabda szakosztályt. Édesanyámtól a testnevelő tanári pálya és az iskolaigazgatás feladataiból szerezhettem benyomásokat. **Minden hétvégén sportversenyekre látogattunk**, és ezek a gyermekkori élmények határozták meg irányultságomat. Testnevelés tagozatos iskolákba jártam, szertornáztam, atletizáltam, kézilabdáztam, görkoriztam versenyszerűen, és innen egyenes utat nyertem a tanárképző főiskola orosz-testnevelés szakára. Mindössze három évet tanítottam intenzíven, majd a városi tanács sportfelügyelőségén dolgozhattam. **Az addigi sportos közeget felváltotta a hivatali, ülő, mozgásszegény életmód.** Ez derékfájdalmakban jelentkezett. A kivizsgálások a gerinc ágyéki szakaszának becsontosodását mutatták ki. Azonnal léptem, és ellensúlyozásként **a széket felváltottam egy ülőlabdára** (sitting gym), amit a mai napig használok. Egy hét használat után már nem fájt a derekam, és azóta sem fáj.

Kerestem azokat a mozgásformákat, amelyekkel javíthatok állapotomon. A Nordic Walkinggal 2009-ben kerültem kapcsolatba. Elvégeztem az instruktori kurzust a Magyar Szabadidősport Szövetség szervezésében. Felismerve a sportág hasznosságát, **elkezdtem népszerűsíteni a kollégák körében.** Eleinte szombat reggelente találkoztunk az Erzsébet ligetben, ők a technikát, én pedig az oktatást gyakoroltam. Később a hétvége helyett áttettük a találkozókat kedd délutánra, munkaidő után. Az eltelt évek alatt mintegy félszázan sajátították el a botok helyes használatát, **zömében túlsúlyosak, fogyásra vágyók – sikerrel. Hálásak az indíttatásért, az életmódváltásért.** Többen egyéb mozgásformát is kipróbálnak, rendszeresen mozognak, sőt versenyeken is elindulnak.

A választáshoz a július 1-i Köztisztviselők Napján szervezett családi vetélkedőn biztosítunk alkalmat a különböző sportágakhoz. Akiknek megtetszik valamilyen mozgásforma, buzdítjuk a folytatásra. Önkormányzati keretek között a férfiak minden héten egyszer fociznak, a hölgyek hetente kétszer zumbáznak. Saját vásárlású sárkányhajónkon edzhettünk és vehetünk részt a népszerű Vízi fesztiválon.

Összefogom, szervezem az utcai futóversenyeken történő részvételt, ahová beiktattuk a nordicos távot is. Mozgósítok az olimpiai ötpróbára és egyéb nagyobb szabású sporteseményekre, hogy elérjük fő célunkat: minél több hivatali dolgozó sportoljon rendszeresen, **elkerülve az ülőmunka okozta esetleges szervi elváltozásokat.**

Paralimpikonok

Közösen könnyebb felemelkedni

„Rátaláltam a fekve nyomásra, amit egy lábbal is képes voltam gyakorolni."
(Szabó Ozor János, Ozy, Budakeszi)

Szabó Ozor János három hónapos büszkeségével

Ózdon születtem, szegény családban. Édesanyám a vasútnál dolgozott, édesapám pedig kohászként próbálta eltartani a népes családot. Többször költöztünk gyermekkoromban. Ózdról Oroszlányba, majd Tatabányára. Én csak az iskolai szünetekben lehettem otthon, mert Kőszegen, nevelőotthonban nőttem fel. Erős testalkatom, harcias kedvem a birkózó sportág felé sodort, és kilenc évesen a Szombathelyi Haladás kihelyezett csoportjában bontogattam szárnyaim. A nehézsúlyú kategóriában sikert sikerre halmoztam, **reményteljes jövő előtt álltam**.

Nagyra törő álmaim egy ittas motoros szakította félbe, aminek következtében **tizenhét éves koromban elveszítettem a jobb lábamat**. Kétségbeesetten kerestem a kiutat a lelki traumából. Egy hónapos vívódás után a sors összehozott Deák Bill Gyulával, aki példaképem, majd a barátom lett, és ez a mai napig tart. **Ő tizenegy évesen veszítette el a bal lábát.** A blues zene elkötelezettje lett, számos díj, szereplés fémjelzi eredményességét. Viccesen azt tartják rólunk, elég kettőnknek egy pár cipő, nekem a jobbra, neki a balra.

Egy év múlva újabb kedvező fordulat következett az életemben: **rátaláltam a fekve nyomásra**, amit egy lábbal is képes voltam gyakorolni. Amikor 1992-ben Tatabányáról Budapestre kerültem a Mozgássérültek Állami Intézetébe bőrdíszműves szakot végezni, pályázati segítséggel egy kis fitnesz-termet rendeztem be az intézetben. Egy év elteltével az országos bajnokságon már ezüstérmet szereztem. A következő évben Nánási István paralimpikon legyőzése után **aranyérmet akasztottak a nyakamba**.

Az eredményességen felbátorodva **kimerészkedtem a nemzetközi színtérre**, és már az első Európa-bajnokságomon, 1999-ben, Finnországban egyéniben negyedik, csapatban pedig első helyezést értem el.

Újabb kihívás hajtott, hogy az **úgynevezett „épek" között is megméressem magam**, ahol az a hátrány, hogy még az egyensúllyal is meg kell küzdeni. 2009-ben világ- és Európa-bajnokságot, 2010-ben Szlovákiában Európa-bajnokságot nyertem. A 2010-es világbajnokságon bronzérem sikeredett, de mivel nyerő típusnak tartom magam, addig nem nyugodtam, míg viszsza nem szereztem a világbajnoki címem. Ez 2011. szeptember 25-én sikerült a Super Heavy (nehézsúly) 140+ kg kategóriában.

A fekve nyomás sikereim nem elégítettek ki, **próbálkoztam a szkanderezéssel is**. Megmérettetésem 1999-ben, Szolnokon indult a helyi szervezésű Európa-bajnokságon. Előtte felkeresett a Szkander Szövetség elnöksége, és biztattak az indulásra. A számomra ismeretlen sportágban ballal harmadik, jobb kézzel második lettem, de srácaim is kivívtak egy-egy előkelőbb helyezést. Ezt aztán több hazai és nemzetközi siker követte. A legkiemelkedőbbek a 2002-es egyiptomi világbajnoki bronzérem, a Dél-Afrikában 2004-ben szerzett világbajnoki 5. helyezés. A svájci Swiss Openen való győzelem, és innen a Las Vegasban rendezett világbajnoki 5. hely, mindez 2010-ben. Majd következett Atlanta, Georgia (USA) 2011-ben. A World United Amateur Powerlifting (WUAP), fekve nyomó világbajnokságon a **háromszoros világbajnoki** és ugyanannyi Európa-bajnoki éremgyűjteményemet sikerült bővíteni az „épek" fekve nyomó világbajnokságán egyéni aranyéremmel és csapatban szerzett ezüsttel.

A harmadik sportágamban Izlandon tettem le a névjegyem. A világ legerősebb mozgássérült embere világbajnokságra kaptam imponáló meghívást a négyszeres győztes házigazdától. Mindössze két hét felkészülés után **elhódítottam a Viking-király címet**, megmutatva a magyar virtust, a cápahús rendszeres fogyasztása nélkül is, 2014-ben pedig sikerült a címvédésem.

Ahogy egyre ismertebbé kezdtem válni, **filmes szerepek jelentették az újabb kihívást.** Nem kisebb sztárokkal dolgozhattam együtt, mint Ben Kingsley, Donald Shutherland, Jeremy Irons, Michael York, Salma Hayek, Sir Anthony Hopkins, Whoopi Goldberg. Alakítottam nemest, koldust, parasztot, cigányvajdát, leprást, szerzetest, rockert, vasutast, hadirokkantat, kelta harcost.

Sokoldalú tevékenységeim elismeréseként Deutsch Tamás sportminisztertől 1999-ben kaptam kitüntetést, egy évvel később pedig a **Budakesziért emlékérmet vehettem át**.

Jó érzéssel töltöttek el a sikerek, az elismerések, és ahogy gyűltek a tapasztalataim, gondoltam, azokat átadhatom sorstársaimnak. Tizenöt mozgássérült társammal egyesületet alapítottam 2000-ben **Budakeszi Power Station** néven, és ROCKY csapatommal rendszeresen indulunk versenyeken. Éleszteni tudom szemükben a tüzet, izmaikban az akaraterőt, ami engem is kiemelt a szürkeségből, a letargiából.

Mindenkinek más fogyatékossággal kell együtt élnie, de közösen könnyebb felülemelkedni ezeken a kínokon, **megtalálni azt a lendítő erőt**, ami nap mint nap odavonz az edzőterembe. Vannak közöttünk kiugró tehetségek, de szerényebb képességűek is, akik tudják, hogy ők sohasem lesznek világbajnokok. Ám velünk egy nagy családra találtak, ahol lehet edzeni, versenyezni, dédelgetni álmokat, kihívásoknak megfelelni.

Amikor felébredt bennem a vágy a szakmai továbbképzésre, **elvégeztem a Testnevelési Főiskolán az erőemelő edzői, sportoktatói szakot**, majd 2004-ben a testépítés, fitnesz és sport rekreációs diplomát vehettem át. A dubai világbajnokságon már én irányítottam a magyar válogatott csapatot. **Sikeres bírói vizsgát tettem**, és rajtolok a nemzetközi minősítés megszerzéséért, kitartóan fejlesztve az ehhez szükséges angol nyelvtudásom.

Ezek birtokában, egyéni sikereken túl, lakhelyünknek, Budakeszinek is tudunk egyre nagyobb hírnevet szerezni, a soksok odafigyelést, támogatást az eredményeinkkel meghálálni.

A 2014-es év újabb kihívások keresésére sarkallt, de most már a magánéletem rendezése is előtérbe került. Megszületett szerelmünk gyümölcse, a kis trónörökös.

Paralimpikonok

A testsúlya háromszorosát nyomta ki

„A sportsikerek mellett akkor érezném teljesnek az életem, ha megértő társra találnék."
(Tunkel Nándor, Zalaigrice)

Bajnoki cím országos csúccsal Vésztőn (2013)

Egyedül vagyok **törpe növésű** a családban. Az orvosok szerint ez az édesanyám terhessége idején elszenvedett valamilyen betegsége következtében történt. Nehéz korszakot életem át lelkiekben óvodásként és iskolásként. **Társaim csúfoltak**, gúnyoltak. Hatodikosként még befogadtak az iskola focicsapatába, de gyengébb érfalaim miatt az orvos eltiltott, **felmentettek a testnevelés alól**. Zalaegerszegi középiskolásként már beletörődtem sorsomba, beállt a 127 centis magasságom, leálltam a gyógyszerek szedéséről. Érettségi után leszázalékoltak, ház körüli munkával igyekeztem hasznosítani magam.

Hiányzott a testmozgás, így 22 éves koromban önszorgalomból **elkezdtem a súlyzós edzéseket.** Internetes oldalakon keresgéltem edzéstervet, és a napi gyakorlás hatására gyorsan növekedett izomzatom.

Az otthon kialakított kis edzőtermemet haverok is látogatták, és azt vettük észre, hogy ők lemaradtak, én pedig fejlődtem. Buzdításukra beneveztem a budaörsi tehetségkutató fesztiválra, ahol az épek között 115 kilogrammos nyomásban a második helyen végeztem, sőt **különdíjat is kaptam.**

Életem eddigi legnagyobb ajándékának tartom, hogy itt felfigyelt rám Szabó Ozor János paralimpikon, aki egyengetni kezdte utamat. Közös munkánk első diadalát a **dubai világkupán szerzett bronzérmem** jelentette. Itt már testsúlyom háromszorosát sikerült kinyomnom, aminek válogatott kerettagság lett a jutalma.

Megízlelve a siker és a népszerűség velejáróit, mindennapi gyakorlással egyre tudatosabb életet igyekszem élni. Ennek rendelem alá saját készítésű, vitaminokból, proteinekből, aminosavakból álló, három óránkénti étkezésem.

Tizenkétszer állhattam fel a dobogó valamelyik fokára 2013-ban. Két világbajnokságon – Egerben és Prágában – nem találtam legyőzőre. Bár az oroszországi Európa-bajnokságon a hatodik hellyel kellett megelégednem, mégis többszörös magyar bajnok és **háromszoros világcsúcstartó vagyok.** Vezetem az épek között a világranglistát az 52 kilogrammosok mezőnyében.

Legnagyobb célom a **2016-os riói paralimpiai részvétel kiharcolása.** A kvalifikációt már megszerezhetem Dubaiban, 2014-ben. Argentínában a világbajnoki és világcsúcstartó cím megvédésére törekszem az épek között.

Ami a párkapcsolatomat illeti, mi tagadás, erre is vágyom. A sportsikerek mellett **akkor érezném teljesnek az életem, ha megértő társra találnék.** Azt gondolom, az életformámat egy hasonló beállítottságú sportoló érthetné meg. Hiszen diéta idején ingerültebb vagyok, és az edzések, valamint a versenyek miatti távolléteket is el kellene fogadnia.

Igyekszem is nyitott szemmel és szívvel járni ennek érdekében a világon.

Szakrális tánc

Kell az életöröm!

„A mai kor embere görcsei oldásaként, emocionális lazításként éli meg a táncot."
(Balla Judit, Budapest)

Balla Judit ősi táncot tanít

A hetvenes években egy skót ezoterikus közösség Flindhorn városában elevenítette fel és modernizálta a különböző **népek ősi táncait**, melyeket Magyarországra Walker Zsuzsa, Angliában élő magyar származású tanárnő hozott be.

A régebbi korokban ezek a táncok **jelentősebb ünnepekhez, napéjegyenlőséghez, újévhez kapcsolódtak**. Bretagne-ban a mai napig őrzik a hagyományt. Nevezetes napokon egész éjen át tart a fiesta, amelyen a helybéli lakosokon kívül részt vesznek a vendégek is. **Hosszú, kígyózó sorokban haladnak** az emberek a falu utcáin a zene ütemére, meghatározott, egyszerű lépéskombinációkkal.

A monda szerint ugyancsak egész éjjel táncoltak Nagy Sándor harcosai teljes menetfelszerelésben a csata előtt. A harci táncok a katonák bátorságának fokozására, félelmük leküzdésére szolgáltak. A zene és a ritmus hatására amolyan **"ide nekem az oroszlánt is" hangulatba kerültek**.

Az egyik angol pestisjárvány története szerint a szigetország lakói azért imádkoztak, hogy a nárcisz nyílásának idejére múljon el a vész. Amikor ez bekövetkezett, akkor komponált zenét és rá egy koreográfiát egy megihletett személy. Ezrek táncoltak hálaképpen a csodatévő isteneknek.

A mai kor embere görcsei oldásaként, emocionális lazításként éli meg a táncot. A régi forrásokra épülő, a ma emberének szóló zenei- és mozgásanyag a társas szórakozás formáira és igényeire épül. **A közösségi érzést hivatott elmélyíteni,** ugyanakkor az egyénnek lehetőséget biztosít a befelé fordulásra, amelyet a gyakorlás körülményeinek alakítása segít elő: a gyertyafény, az andalító zene, a csukott szemmel végzett mozdulatok.

A különböző alakzatokban (sor, vonal, kör) a szabadtéri tűz melletti tánclépések dinamikusabb hatásúak lehetnek. Éppen ezért a szakrális tánc nem lezárt egység. Szabadon átjárható, **egyéni beleérző képességet igénylő**, oktatótól függő alkotómunkává nőheti ki magát, ami iránt egyre nagyobb igény mutatkozik, korosztálytól függetlenül. A beleérzést növelheti a tánc hangulatához igazodó öltözék megválasztása.

A tánc számomra és a csoport tagjainak **főleg lelki kikapcsolódást**, baráti összejövetelt, a találkozás örömét jelenti. Inkább a friss, pergő táncokat kedvelik, mert óriási hiánya van az embereknek a vidámságból, a játékosságból. **Túl komoly az élet, kell az életöröm.** Többen próbálják kicsit "tudományos" alapokra helyezni a körtáncot, de nekem minden porcikám tiltakozik ellene. Én az első perctől azt vallottam, hogy ez nem tanfolyam, nem továbbképzés. Nem más a cél, csak az, hogy **két órán át jól érezzük magunkat.**

Szakrális tánc

Összekapcsolódnak az energiák

"Ezek az örömök felvérteznek, erőt adnak."
(Kerekes Judit, Budapest)

Kerekes Judit csodaként éli meg a táncot

A történet 2005 tájékán kezdődött, amikor **lelki mélypontra jutott az életem**. A válásom után egyedül neveltem a kislányomat, aki időközben kamasszá cseperedett, annak minden nyűgével, nyilaival.

Nehéz feldolgozni egy szülőnek, hogy egyre kevésbé van szükség rá ott, ahol jobban szeretne jelen lenni. Másrészt egy induló cég működésének irányítása volt a munkám, **szinte megállás nélkül teljesítenem kellett**. Folyamatos stressz, kimerültség az egyik oldalon, üresség, hiány a másikon.

Egy kedves ismerősöm, akivel kezdetben csak munkakapcsolatban voltunk, mesélt először arról a csoportról, ahol **kéthetente összegyűlnek és körtáncot járnak**. Érdekesnek tűnt. Biztatott, hogy jöjjek el, nézzem meg, bármikor lehet csatlakozni.

Egy ideig érlelődött bennem, aztán úgy gondoltam, ez lesz az első lépés, hogy újra építsem a saját életemet, és **ne csak mint anyuka szerepeljek a saját történetemben**.

Abban az időben még a Színháztörténeti Múzeum hangulatos körtermében táncoltunk. Az első találkozásom a csoporttal nagyon pozitív volt, **csupa barátságos, jókedvű ember**. Ott ragadtam... Azóta törzstag lettem, ki nem hagynék egyetlen táncórát sem. Alig várom a következő alkalmat, hogy újra járjuk körbe-körbe.

A mozgás örömét is fontosnak tartom, de talán még fontosabb, hogy együtt lehetek ennyi kedves emberrel. Egyre jobban megismerjük egymást, kivel szorosabb, kivel lazább, de mindenkivel baráti kapcsolatban vagyunk. **Egy jó közösséget alkotunk, kötöttség és kényszer nélkül.**

Minden alkalmat varázslatként élek meg. Fogjuk egymás kezét, ezzel összekapcsolódnak az energiáink, és ezzel néha a helyes irányba rángatjuk egymást.

Elmúlik a fejfájásom, a fáradtságom, mintha egy misztikus „szigetre" csöppentem volna.

Érdekesnek tartom azt is, hogy Jutka, aki a táncot vezeti, egy-egy koncepció alapján állítja össze az órát. Minden tánc előtt elmondja, amit tudni kell róla, hogy a világ melyik részéről származik, mit fejez ki, miért éppen azt táncoljuk. Ettől még különlegesebb az egész.

Mintha átalakulnánk azokká, akik eredetileg ezt a táncot járták. Indiánok vagyunk, a négy őselemről táncolunk, aztán a görög tengerparton kapaszkodunk össze és emeljük a lábunkat. Majd írek leszünk, és egy erdőben a fák között járjuk a manók táncát, vagy a „csendes patak partján" cifrázzuk a magyar rida-lépésekkel. És ez még csak ízelítő volt!

Még egy pozitív változás az életemben: a táncos csoport egy része – köztük én is – beletartozik egy másik társaságba, akikkel 3–4 hetente kirándulni járunk.

A lányommal szerencsére ismét felhőtlen a kapcsolatunk, a munka változatlanul sok, és ezek az örömök felvérteznek, erőt adnak. Kizökkentenek a mindennapok szürkeségéből. És mindezeket az apró csodákat a körtánc hozta el számomra.

Szemmasszázs, szemtorna

A sport misszionáriusa

„Hogy ne mások legyőzése által válhassak győztessé..."
(Kiss Erzsébet, Debrecen)

Hasznos kicsiknek, nagyoknak

„A szem a lélek tükre." Az ismert közmondás nyomatékkal utal arra, hogy a szemproblémáknál is érdemes lélekvizsgálatot tartani. Vajon miért homályosodik a látás, miért szór villámokat, miért lábad könnybe a szem?

Tíz éves korom óta élek a sport számomra testre szabott világában mint kézilabda kapus, játékvezető, edző, testnevelő, szakfelügyelő, újságíró. A sport által jó néhány igen hasznos tulajdonságot sikerült kifejlesztenem, mint a kitartás, szorgalom, rendszeresség, erő, kezdeményezőkészség, amelyek nagyszerűen hasznosíthatók az élet egyéb területein is. Igen ám, de ugyanakkor végtelen teljesítmény-centrikusságra is nevel, ugyanis a dobogó legfelső fokára általában csak egy ember állhat fel. Ez a kényszer állandó készenlétet igényel, és amennyiben nem tudunk szert tenni a lazítás, a levezetés művészetére, ez idővel alááshatja az egészségünket.

Kezdtem hát keresni a saját magam irányítása alá vont lehetőségeket, hogy **ne mások legyőzése által válhassak győztessé**. Harminckilenc éves koromban jött az első nem tervezett esemény. Addig minden a kívánt menetrend szerint alakult. Ha diplomákat akartam és tanultam, meglettek. Amire gyűjtöttem, az előbb vagy utóbb birtokomba került. Munkámban is sikeres voltam.

Vétlen édesapám balesetből bekövetkezett halálát még további csapások követték, amelyek feldolgozására, kezelésére nem voltam felkészülve.

Az emberek különböző lehetőségek közül választhatnak a talpra álláshoz, a túléléshez. Miután végigjártam az orvosi vonalat, ahol a fő irány a gyógyszerek szedése volt, keresni kezdtem más megoldásokat.

Sokunknak adtak mankót a szemléletváltáshoz a debreceni Pedagógus Művelődési Házban a Szabolcsi Éva által elkötelezettséggel szervezett előadások, életmód táborok. Széles tárháza adódott az orvosi kezeléseket kiegészítő természetgyógyászati módszerek és praktikák elsajátításához, gyakorlásához, az áhított testi-lelki **EGÉSZ-SÉG** eléréséhez.

Szorgalmasan látogattam Zoltay Miklós jógaterapeuta tanfolyamait. Kezdetben elsősorban a nyugati testmozgások után a keleti mozgásformák elsajátításának vágya vezérelt. Közben hallgatva az előadásokat, egyre inkább tudatosult bennem, ennél jóval többre van szükség a lelki béke eléréséhez.

Sportos előéletem ellenére nehezemre esett a sarokülés, a mozdulatok kitartása, csavarása, a fordított testhelyzetek. Ám nem olyan fából faragtak, aki egyhamar feladja. Addig gyakoroltam magányomban, míg felzárkóztam a legjobbakhoz. Tapasztalatom szerint **a test előrehaladott korban is képes változtat-**

ni addigi berögzült szokásain, mint például a hajlékonyság, amelynek **jótékony mellékhatása a lélek rugalmassága is**. Negyvenöt éves koromban éreztem először, ha távolról közelre vagy közelről távolba nézek, **tornáztatnom kell a szemem, hogy élesebben lássak**. Abban a reményben, hogy elkerülhetem a szemüveg használatát, beiratkoztam Zoltay Miklós 16 órás jógaterápiás szemtanfolyamára, ahol sokoldalú ismereteket szereztünk a szem karbantartásához. Tanultunk az akupresszúrás pontokról, a szemvidító fű használatáról, a szemizmok tornáztatásáról, lelki görcsök oldásáról.

Az állapot javíthatóságához a hitet azok a tanúságtevők adták, akiknek a kitartó gyakorlás következtében **2–3 dioptriát is javult a látásuk** néhány hét, hónap után.

Nem sokkal később olvastam egy biztató hírt a Hajdú-bihari Naplóban: dr. Eőry Ajándok, az „Egészség Biztonság" Alapítvány kuratóriumának elnöke a kínai szemmasszázst tartalmazó oktató kazettát **ingyen rendelkezésére bocsátja a pedagógusoknak**. Habozás nélkül megrendeltem, megkaptam, és az ott látottak szerint a gyakorlatokat először saját magamon kezdtem alkalmazni . Több mint két évtized telt el, és azóta sincs szükségem szemüvegre.

Eőry professzor ajánlása szerint Kínában nagycsoportos óvodásokkal és általános iskolásokkal is végeztetnek egy akupresszúrás gyakorlatsort naponta, azzal a céllal, hogy megelőzzék a szemromlást, és az ezzel kapcsolatos problémákat, mint pl. az olvasási panaszokat, a homloktájon jelentkező fájdalmat. A tapasztalatok szerint a szemakupresszúrával megelőzhető a gyermekkori rövidlátás, a távollátás, a kancsalság, és a kezelés esetenként a tanulmányi eredmény javulásával is járhat. **Rendszeres gyakorlással kitolható az időskori szemgyengeség**.

Néha ösztönösen is végzünk néhány mozdulatot, ha fáradtak vagyunk, vagy túl sok időt töltünk a számítógép előtt. Maga a masszázs nagyon egyszerű és kellemes, az eredménye szinte azonnal érezhető.

Az előadásokból, könyvekből rengeteget lehetett tanulni, de jól tudjuk: **az elmélet annyit ér, amennyit át tudunk belő-**

le ültetni a gyakorlatba. Ezekhez is kaphattunk útmutatást, de hamarosan rájöttem, hogy a résztvevőkkel folytatott kötetlen beszélgetések is sokat képesek hozzáadni az elmélethez. Amit megtapasztaltam magamon és másokon, **két színtéren** kezdtem el népszerűsíteni a tanultakat. **Tartok mozgásos foglalkozásokat országszerte.** Egyre több helyre kapok meghívást, ahol átadhatom tapasztalataimat az érdeklődőknek. Az írói véna, az ötletek, a követésre méltó kezdeményezések közzététele utáni vágy már ifjú éveimben jelentkezett, majd az évek múltával erősödni kezdett. **Írásaimon keresztül** próbálom ösztönözni az embereket arra, hogy többet tegyenek egészségük fenntartása érdekében. Minden fő- és mellékállásomban találtam népszerűsítésre méltó példákat. **Így szabadúszóként évtizedek alatt számos lappal kerültem kapcsolatba.**

A résztvevők visszajelzése jelentheti azt az igazi lelki maszszázst, erőt a további tanulmányokhoz, a kapcsolattartást igénylő levelezések napi szintű bonyolításához, a meghívások teljesítéséhez, a tanúságtételek nyilvánosság elé tárásához, amelyek ennek a könyvnek az írására is inspiráltak.

Szemmasszázs

Lényeges javulást értem el

„Ígéretes történeteket hallottam a
kínai szemmasszázs gyakorlásával kapcsolatosan."
(Pázmándi Péterné Ili, Budapest)

Pázmándi Péterné megdolgozik az egészségéért

Nem volt veszíteni valóm, mert nagyon nem szerettem a két szemüvegemet cserélgetni attól függően, hogy olvastam vagy kocsit vezettem. Távolbalátáshoz **1-es szemüveget, az olvasáshoz meg már 4-es lencsét használtam**. Mikor elkezdtem dr. Eőry Ajándok útmutatásai szerint a kínai szemmasszázst, a javulást már 3–4 hét után észleltem.

Részt vettem egy vizsgálaton 2012. január 31-én, de a szemorvos, tekintettel a koromra, nem biztatott javulással. Ajándok professzor javaslatára folytattam a szemmasszázst, majd 2012. március 5-én újabb szemvizsgálatra mentem, más orvoshoz. **A doktor 0.5–0.75-ös szemüveget ajánlott** távolbalátáshoz, míg az olvasáshoz 1.25-öst írt fel. Bár tovább nem javult a szemem, de nem is romlott. Erről Ajándok professzornak is elvittem az igazolást.

A 3-1-2 meridián tornát 2011 óta végzem, nagy megelégedésemre. **Elvégeztem a klubvezetői tanfolyamot,** és az önkéntes oklevél birtokában hetente három alkalommal vezetek tornát. Ezen felül rendszeresen kerékpározom a szabadban, télen pedig szobabiciklizem. Az étkezésemre is fokozottabban figyelek, többnyire paleolit táplálkozást folytatok. Ezek birtokában **bizakodással tekintek az idős kor kihívásai felé.**

Szívtorna

Infarktus után

„Aki a sportos közeget választotta a megújuláshoz, az helyesen döntött."
(dr. Fésüs László, Debrecen)

Szívbetegeket rehabilitál Fésüs tanár úr (balról)

Egy egyetemi oktató orvos barátom 1983-ban szívinfarktust kapott. Ekkor dr. Horváth Sándorral, a DOTE kardiológus adjunktusával azt a célt tűztük magunk elé, hogy a közvetlen veszélyen túljutott, **legyengült szervezetet ismét terhelhetővé tegyük.** Ennek megfelelően építettük fel a foglalkozások menetét.

Kétperces futással hangoltuk rá a szervezetet a terhelésre. Ezt követte egy húsz perces speciális gimnasztikai sor. Ezzel az izmok és az ízületek bemelegítésén túl egy közepes terheléssel biztosítottuk a szívizomra és a keringési rendszerre irányuló kedvező hatást. Minden edzésen tizenkét percig differenciált iramban futottak a résztvevők. A mozgásos játékot az igen nagy népszerűségnek örvendő röplabda jelentette. Végül a szervezet lecsillapítását egyéni módon állapítottuk meg. Mindez természetesen **orvosi felügyelet mellett folyt.** Valamennyi mozgásos szakasz előtt és után pulzus- és vérnyomásmérést végeztünk. Az adatokat a betegek az erre a célra rendszeresített kartonon vezették. Mára, a tapasztalatokat felhasználva, sokat fejlődött tréningmódszerünk. A debreceni mozgásterápiás szív- és érbeteg-rehabilitáció hatásos eljárása lett az egészség és a munkaképesség visszaszerzésének.

Előttünk Magyarországon ilyet csak a budapesti Kardiológiai Intézetben végeztek. Senki sem próbálkozott ambuláns (járó beteg) rehabilitációs edzéssel, viszont ennek **nyugaton már régi hagyománya volt.** Terry Kavanagh orvos Torontóban lévő rehabilitációs központjában mintegy húsz éve foglalkoztak már abban az időben infarktuson, illetve szívműtéten átesett betegek mozgásos terápiájával. Könyvben is leírta módszereit, ezek tanulmányozása után dolgoztuk ki a mi változatunkat, és **fogtunk bele az úttörő munkába.** (Terence Kavanagh M.D. The HEALTHY HEART Program.)

Ez máig is abból áll, hogy az infarktust követően öt héten át kerékpár-ergométeres terheléses mérést végzünk a betegen, aki ennek eredménye alapján kezdheti el az edzéseket. Ha panaszmentessé válik, visszamehet dolgozni. Amennyiben a mozgásterápia nem használ, operációt javasolunk, majd a szívműtéten átesett betegeket hasonló módon foglalkoztatjuk.

Tapasztalatainkat előadásokon is népszerűsítjük, és 40 ezer példányban jelent meg **"Infarktus után" című könyvünk**, amelyet Horváth Sándorral közösen írtunk.

A szíves rehabilitáció 1983. május 5-től megszakítás nélkül működik. Kezdetben a DOTE testnevelési tanszékcsoportja és a III. számú Belgyógyászati Klinika adjunktusa, dr. Horváth Sándor irányította, a gyakorlat vezetője pedig én voltam. Később a Debreceni Munkás Vasutas Klub vette át egyik szakosztályaként, majd a Debreceni Torna Egylet működtette. Végül a Debreceni Szív Egyesületként önállósult.

Nem volt akadálymentes a módszer elfogadtatása, az anyagiak megteremtése. A Magyar Kardiológus Társaság Rehabilitációs Munkacsoportja, amelynek vezetője, tagja voltam, kidolgozott egy részletes szakmai programot, ezt a **Népjóléti Minisztérium elfogadta**. Ennek lényege, hogy a gyógyításnak a testmozgás is váljon szerves részévé a gyógyszeres kezelés mellett.

A debreceni tagságot az egészségi állapot és az azzal kapcsolatos élethelyzet mozgatja, és nem az életkor. Rászorultság esetén fiatalok és idősek egyaránt részt vehetnek a programokban, életkor szerint húsz évtől akár nyolcvan felett is. A mozgásterápiás programokban megtanulják, hogy a saját optimális terhelhetőségük ismeretében hogyan végezzék a tornagyakorlatokat, hogyan vegyenek vissza az intenzitásból, ha kell, valamint milyen pulzusértékek mellett fokozzák azt.

Orvosi méréseink és életminőség-felvételeink egyaránt azt bizonyítják, hogy a Debreceni Szív Egyesület hetven évesnél idősebb tagjainak terhelhetősége nem marad el a tíz évvel fiatalabbakétól. Ugyanakkor vannak középkorú és fiatal tagjaink is, akiknek egészségi állapota adott időben az idősekéhez viszonyítva kisebb terhelhetőséget engedélyez.

Egyesületünk a mozgásterápián túl igen **gazdag életmódprogramokat is működtet**. Szervezünk előadásokat, orvos-beteg találkozókat, versenyeket, kirándulásokat. Rendelkezésre áll az Időskori egészségmegőrzés című tanulmánykötet és videofilm, amelyek hasznos támpontot és segítséget nyújtanak a pácienseknek. Az időskori egészségmegőrzés program tehát az aktív öregedést, az időskori identitás kidolgozását, **az idős generációs életperiódus tervezését segíti**.

A szív- és érbetegek XI. Országos Sporttalálkozóját Debrecenben rendeztük, kilenc sportágban. A rangos eseményen mintegy **hatszáz életvidám résztvevő** tett tanúbizonyságot a rehabilitációs mozgásprogram életminőség javító hatásáról.

Szerte a világon már régóta beiktatták a mozgásterápiát az infarktuson vagy szívműtéten átesett betegeknél. Magyarországon az utóbbi évtizedben van elterjedőben, hogy már a műtétet követő napon gyógytornász kezdi mozgatni a beteg végtagját, majd a páciensek orvosi felügyelet mellett folyamatosan erősödő tréningen vesznek részt. A hatékony mozgás következtében sokan nyerik vissza munkaképességüket is. Németországban a betegek rehabilitációs testedzését **a betegbiztosító is támogatja**.

A Debreceni Szív Egyesület betegeinek mozgásterápiás rehabilitációját a harminc év alatt mintegy 1600 beteg vette igénybe. 2014-ben 7 csoportban, 210 fő vett részt a foglalkozásokon.

Negatívumként azért megjegyezhetjük, hogy a korábban átélt infarktus lelki traumája ellenére sokan nem veszik komolyan a dohányzásról – mint az első számú rizikófaktorról – történő lemondás szükségességét. Van még mit fejlődni az egészség fenntartása érdekében.

Aki a sportos közeget választotta a megújuláshoz, az helyesen döntött.

Bákonyi Miklós

A hirtelen jelentkező fulladásos és szorító érzések okának kivizsgálásakor derült ki, hogy három koszorúerem életveszélyesen elzáródott. Az orvosok gyors döntés elé állítottak: **műtét vagy temető?** Az előbbit választottam. Átlagos életet éltem fizikai munkakörben, később művezetőként dolgoztam, ám 35 éven keresztül **dohányoztam**.

A négy órán át tartó ércserét egy pénteki napon hajtották végre. Szombaton az intenzív osztályon gyógytornász segítségével már mozgatni kezdtem a kezem és a lábam. Vasárnap a kórteremben megismétlődött mindez, sőt az ápolónő közreműködésével meg is tudtam fürödni. Hétfőtől pedig megkezdődött látványos felépülésem. Orvosaim tanácsára sokat lépcsőztem, és betegtársaimat is buzdítottam erre. A műtét után három hónapra kezdtem el a rehabilitációs tornák végzését, heti két alkalommal. Ha valami okból kihagytam 1–2 tréninget, már hiányzott, sőt a társaság is. A sorstársi kapcsolatokból **gyümölcsöző baráti közösség alakult**. Az országos sporttalálkozón tekében próbáltam ki magam, bár korábban sohasem sportoltam versenyszerűen. Indítékaim között főként a személyes példamutatás szerepel, hogy az idejében elkezdett testmozgással **sok szenvedéstől tudnánk megmenteni magunkat és szeretteinket**.

Lupó Imre

Bár nem ittam, nem dohányoztam, ám **a stressz jelen volt mindennapjaimban**, mégis inkább genetikai okokkal magyarázom a 36 éves koromban felfedezett száz százalékos szív érelzáródásomat. A négy ér cseréjét, az elzáródott ér áthidalását követően **két hónap múlva már pingpongasztalhoz álltam** az országos viadalon, és egyéniben és párosban is dobogós helyen végeztem, amit a következő évben is sikerült megismételnem. Fiatalkoromban nem sportoltam versenyszerűen, de a rehabilitációs edzések hatására annyira felbátorodtam, hogy a megyei I. osztályban szereplő röplabdacsapatnak is hasznos tagja lettem. A mozgás fiziológiai hatásán túl kiemelném még azt a pszichés egyensúlyt is, amivel kisebbségi érzések nélkül **a társadalom teljes értékű tagjának érezhetem magam**.

A közösségformálás több módjával bővítettük lehetőségeinket. Telenként nagy sikerű **sítáborokat szerveztünk** a szomszédos országokban. Tagjaink negyven-hatvan évesen eredményesen pótolták fiatalságuk elhalasztott lehetőségeit. Fél napot sielással, fél napot pedig könnyű hegyi túrákkal töltöttünk. Reggel a bemelegítés már a szálló folyosóján elkezdődött gimnasztikai gyakorlatokkal, és a síelés alapmozdulataival. A hegyen a kezdők elsajátították a helyben fordulás, hóekézés és az esés utáni felállás fogásait. A haladók önállóan siklottak nagy kedvvel a közepes és meredekebb lejtőkön. Esténként römipartik zajlottak, valamint szaunázással, viccmeséléssel telt az idő. Az otthoni alapos rehabilitációs felkészítésnek köszönhetően **semmi dolga nem akadt a csoportkísérő főorvosának**. Mindenki egészségesen, tudásban gyarapodva tért vissza a családjához, példát mutatva arra, hogy aki komolyan veszi az orvosi intelmeket, súlyos betegségét követően is szinte teljes értékű életet élhet.

Mideczki József

Megelőzésképpen kezdtem el sportolni a szívesekkel. Nálunk családi örökség a szív probléma. Két testvérem harmincöt éves korában halt meg infarktusban. Nálam még nem jelentkeztek tünetek, de negyvenöt évesen elkezdtem látogatni a speciális edzéseket. Megszerettem a jó hangulatú foglalkozásokat, tehát ott ragadtam. Ötvenöt éves koromban húztam először sílécet, és a második télen már biztonságosan szlalomoztam a lejtőn.

Gombos Istvánné

Magas vérnyomásom karbantartására jelentkeztem a heti rendszerességű tornára. Állapotom stabilizálódott, kedveltem a jó hangulatban folyó edzéseket. Az egyesület minden megmozdulásán részt vettem. Az országos versenyeken nyertem pingpong bajnokságot. Többször részt vettem a téli kirándulásokon. Síelés helyett túráztunk társaimmal, szívtuk a jó levegőt, néha szánkóztunk, és **az esti bulikon elfeledkeztünk esetleges bajainkról**, bánatunkról, ami megkönnyítette a további életünket.

Kovács Balázsné

Hatvanhét évesen már harmadjára vettem részt a viadalon, és minden alkalommal dobogós helyen végeztem az 1500 méteres futásban. Ápolónőként dolgoztam, és nyugdíjazásom után **tíz kilót szedtem fel**, mert a másfélszobás lakásomban nem volt mozgásterem. Bár a különféle gyógyszerekkel karban tudtam tartani egészségem, de az igazi változás akkor következett be, amikor kezelőorvosom javaslatára bekapcsolódtam a rehabilitációs tréningbe. A foglalkozások programjában gimnasztika, 12 perces futás és röplabda szerepelt. A rendszeres edzés hatására **csökkenthettem gyógyszereim számát**, elmúlt a légszomjam, és helyreállt a pulzusszámom. Versenyek előtt, a tréningek után önszorgalomból még futottam néhány kört, ezért a versenyeken már gond nélkül teljesítettem az 1500 méteres távot.

Dr. Karvaly Elemér

A futás után kellemesen elfáradok, és a közérzetem kiegyensúlyozottá válik. Okleveles építészmérnökként 1983-ban kaptam súlyos infarktust a munkahelyi stressz következtében. A rehabilitációs testedzés hatására **rövidesen visszanyertem ideális testsúlyom**, megerősödtem testiekben és lelkiekben, majd ismét munkaképessé váltam. A heti háromszori tréninget azóta sem hagytam abba, és az országos versenyen korcsoportomban sokadik éve **nem találtam legyőzőre az 1500 méteres futásban**. Három unokám olyan büszke a teljesítményemre, hogy a tanácsaimat fenntartás nélkül elfogadták. Alig várták a szünidőket, hogy együtt sportolhassunk.

Szabó László

Az első „fecske" voltam a debreceni rehabilitációs edzéseken negyvennyolc évesen, és oda azóta is megszakítás nélkül járok, 2014-ben hetvenkét évesen. A kezdet igen nehéz volt, **azt sem tudtuk igazán, mire vállalkozunk**. Az életben maradás vágya hajtott, hogy kipróbáljam. Állandó halálfélelmem miatt csak lézengtem az utcán, liftbe nem mertem beszállni. A sport azonban bámulatos változást eredményezett állapotomban. Kondícióm, hangulatom, vérnyomásom fokozatosan javult. Három hét elteltével vissza tudtam térni a munkámba. Bár később leszázalékoltak, de nyugdíjasként el tudtam látni könnyített feladatokat.

Testépítés

Elvonókúra helyett

„Az első csatát megnyertem: önmagam legyőzését."
(Szűcs István, Debrecen)

Szűcs István duzzad az erőtől

Harminc éves korom környékén egyetlen hétvégi kikapcsolódásom a kocsmázás volt. Biztonsági őrként dolgoztam, és bizony az is előfordult, hogy néha ittasan mentem be munkahelyemre, bár ezt szerencsére nem vették észre. Éjszakába nyúló szenvedélyem havi 20–30 ezer forinttal terhelte meg a családi kasszát. Éreztem, ha ez így megy tovább, **elveszíthetem nem csak az állásomat, de felbomolhat a házasságom is**. Egyre jobban bántott a gyengeségem. Hosszú idő telt el, míg orvos segítségét kértem a változtatáshoz. Enyhe gyógyszerekkel próbálkoztunk, mígnem Rácz Csaba ismerősöm segítségével rátaláltam a Barabás Gyula vezette fitnesz teremre. Szimpatikus volt a vezető, megfizethető a terembérlet díja, a társak bátorításával megragadtam a sportágnál. A rendszeres, **heti hat alkalmas gyakorlás meghozta az áhított eredményt**. Vigyáztam a táplálkozásomra, előnyömre fogyott a testsúlyom, kezdett átalakulni a testfelépítésem, látványosan növekedett az izomzatom. Ötödik éve egy korty alkoholt sem iszom. Átalakult a baráti társaságom, nekik szintén a sport jelenti a szabadidő hasznos eltöltését. **Olyan állást kerestem magamnak, amelybe belefér a rendszeres testmozgás**. Autós pizzafutárként egy nap munkát két nap pihenés követ.

Elindulok házi erőfelmérő alkalmakon. Versenyzésre még nem gondolhatok, mert ahhoz már több pénz kell, megfizetni a vitaminokat, többlet fehérjét az izomnöveléshez, de még ennek is eljöhet az ideje.

Az első csatát megnyertem: önmagam legyőzését.

Az edzőtermünkbe jár egy börtönviselt srác, aki válása miatti bánatában szintén az alkoholban próbált vigaszra találni. Az alkohol rossz tanácsadó, könnyen keveredhet balhéba az ember, aminek börtön lehet a vége. Így járt társunk is, aki kisebb bűncselekmény miatt nyolc hónapot ült, először 30, később 4 fős zárkában. Ez idő alatt megtapasztalta a börtön farkastörvényeit. Erős volt, hiszen az építőiparban dolgozott, ezért nem esett nehezére az edzés, hogy tekintélyt szerezzen magának a rabtársak között. Kiszabadulása után teljes életmódváltást hajtott végre, ami olyannyira sikerült neki, hogy a bíróság a gyermekeit is neki ítélte. **Zűrös előélete utáni talpra állása, példaértékű szorgalma, kitartása sok embernek jelent húzóerőt.**

Transzplantáltak

Tizennégy műtét után

„A sportot úgy tekintettem, mint receptre felírt gyógyszert!"
(Berente Judit veseátültetett úszó, Budapest)

Berente Judit a világjátékokon, Durben (2013)

Gyermekkoromban vonzódtam a mozgáshoz, mindig nyughatatlan, egy helyben megülni nem nagyon tudó, **sportot szerető gyerek voltam**. Mindent kipróbáltam, amire lehetőségem volt, ami az utamba került: tornát, labdajátékokat, asztaliteniszt, atlétikát, úszást, korcsolyát, sízést. Ha valamibe belefogtam, azt teljes szívvel csináltam, szerettem küzdeni, versenyezni.

Betegségemet tizenegy éves koromban vettük észre, akkor kezdődött el az orvoshoz járkálás. Sápadt voltam és fáradékony, nagyon sok folyadékot kívántam és ittam, éjszakánként pedig rendszeresen bepisiltem. Két év telt el így. Ez elég kellemetlen volt, főleg egy kamaszlánynak. A nyári táborba, kétnapos iskolai kirándulásokra mindig szorongva indultam el. S bár édesanyám egyik orvostól a másikig cipelt, egyik gyógyszert szedtem a másik után, senkinek sem sikerült a helyes diagnózist eltalálnia.

1976-ban, két év sikertelen próbálkozás után végre beutaltak az I. számú Bókai János úti Gyermekklinikára, Budapestre, ahol megtörténtek a laborvizsgálatok és egy veseröntgen, amely kimutatta, hogy a vesefunkciók beszűkültek, a vesék alig választanak ki. Szüleimre sokkolóan hatott a hír, hogy **nincs sok esélyem tizenhatodik születésnapom megérésére**. A diagnózis, ami a betegségemet illeti, pontos volt. A jóslat szerencsére nem.

Az ezt követő kezelés azonban csak tetézte a bajt. Urológus tanácsára három hónapig állandó katétert kaptam. Ennek következtében hólyagom izomzata úgy ellazult, hogy nem tudtam a vizeletet kiüríteni. A pangó vizelet miatt a vese állandóan visszafertőződött, kialakult a krónikus gyulladás, ezért felgyorsult a romlási folyamat, nem beszélve a vizelési képtelenséggel járó állandó kínok elviseléséről. Azt sajnos elfelejtették közölni, hogy mindezt elkerüljük, a katéterezés során a hólyagot nem csak lehet, de kell is tornáztatni.

Az Urológiai Klinikán többfajta kezeléssel is próbálkoztak, többek között elektromosan stimulálták a hólyagot, de ezek a kezelések sem vezettek eredményre. Az egyetlen megoldásnak egy akkor újnak számító kanadai találmány, a **hólyag-pacemaker** mutatkozott. Addigra már hazánkban is elvégeztek néhány ilyen műtétet az Orvostovábbképző Intézetben, és a vizsgálatok után én is átestem a beültetésen.

Ez életem egyik legszörnyűbb időszaka volt. Nem maga a műtét, hanem a pacemaker használatának megtanulása. A hólyagom tizenkét pontjára elektródákat helyeztek, amelyből a vezetékek egy központi kerek részbe futottak be. Akkor még nem voltak olyan tartós elemek, mint ma, amit például a szív-pacemakerekben használnak, ezért egy külső, „Sokol rádió" nagyságú, árammal feltöltött készülékkel tudtam működtetni, ami egy gombnyomásra stimulálta a hólyag idegvégződéseit. A használata eleinte **pokoli fájdalommal járt**. Ezt a kínszenvedést nem kívánom senkinek. De elég hamar megtanultam a pacemakert működtetni, így legalább újra tudtam pisilni, és lassan az ezzel járó fájdalom is enyhült, majd elmúlt.

Mivel ez akkor szenzációnak számított, természetesen folyamatosan figyelték a működést, filmet készítettek rólam, amit konferenciákon mutattak be. Hiába próbáltam megérteni, átérezni ennek fontosságát, hiába tudtam, hogy mindez azért szükséges, hogy az orvostudomány előbbre jusson, elképzelhető, mit éltem át lelkileg kamaszlányként ebben a kiszolgáltatott helyzetben.

Sokszor volt számomra kellemetlen, megalázó, amikor felültettek szétterpesztett lábbal egy asztalra, velem szemben beállították a kamerát, és több orvos figyelt egyszerre, és ilyen körülmények között kellett „produkálnom".

Igaz, megnyugtattak, hogy az arcom nem fog látszódni, csak a „lényeg", az orvosi bravúr. Mindezt fokozta, hogy nemcsak filmeztek, hanem az **orvostanhallgatók rajtam tanultak katéterezni,** mert én voltam az osztályon a legfiatalabb. Ma már ezt nevetve tudom elmesélni, de ez akkor egyáltalán nem volt ilyen derűs.

Ez idő alatt apukám a szegedi klinikán feküdt tüdőrákkal, édesanyám ingázott Szeged és Budapest között. Szinte elképzelhetetlen, honnan volt annyi fizikai és lelki ereje, hogy ezt a nehéz időszakot végig tudta csinálni, és közben bennünket négy testvéremmel együtt szeretetben nevelni, tisztességgel ellátni.

Túl voltam életem első nagy próbáján. S több mint egyéves kihagyás után végre visszamehettem befejezni az általános iskolát. Boldog tudatlanságomban akkor azt hittem, hogy végre meggyógyítottak. Abban az időben a beteg volt az utolsó, aki megtudta magáról az igazat. Ráadásul még gyerek voltam, így aztán nem sok mindent közöltek velem.

Újra iskolába jártam, de nagyon sajnáltam, hogy a pacemaker miatt felmentettek testnevelésből, a sportról le kellett mondanom. Én azonban kértem, hogy hadd csináljam végig legalább a tornaórákat, s én hadd döntsem el, mi az, amire képes vagyok, s mi az, amire nem.

Természetesen közben rendszeresen jártam kontroll vizsgálatra. Évente egyszer-kétszer így is be kellett feküdnöm egy-egy vesegyulladás vagy emelkedett kreatinin és kiugró karbamid érték miatt. Ilyenkor kettő-négy hét bennfekvés, infúziók tömege következett. Tizenhat éves koromban el kellett kezdenem a fehérje diétát, állapotomtól függően napi 30–40 gramm fehérjét fogyaszthattam.

Rengeteget olvastam a betegségről, ekkor került kezembe egy vesebetegek számára írt könyv, amiben nem csak a diéta fontosságáról és hatásmechanizmusáról írtak, hanem magáról a betegség lefolyásáról a kezdetektől a dialízisen át egészen a transzplantáció lehetőségéig.

Kezdett világossá válni előttem, hogy ebből a betegségből nem lehet meggyógyulni, a diéta azonban nagyon sokat segíthet. Gyakorlatilag leszoktam a húsról, egy idő után vegetáriánus lettem. Eleinte nem volt könnyű a diétát betartani, nagycsaládban éltünk, anyu a többieknek nagyon finomakat főzött, de mellette persze nekem is próbálta biztosítani a fehérjében szegényebb ételeket.

A rendszeres diéta betartásával olyan laborleleteket produkáltam, hogy magam sem akartam elhinni, amikor megláttam az eredményeimet. Majdnem olyanok voltak, mint egy egészséges emberé! Nagyon jó érzés volt. Nekem akkor ez volt a legnagyobb sikerélményem! Tudtam, ha ezt végigcsinálom, plusz éveket nyerhetek magamnak. S ez csak rajtam múlik! Ezt senki más nem csinálhatja meg helyettem! Ekkor tanultam meg fegyelmezni magam. Persze ez nem volt könnyű. **Igyekeztem minél többet olvasni a témáról, hogy mindent pontosan megértsek.** Nehéz azzal a gondolattal megbarátkozni, hogy rövidebb élet áll előtted, mint a többi egészséges ember előtt. Így utólag már tudom, hogy akkor váltam felnőtté, ami tisztán még nem tudatosodott bennem, csak azt éreztem, hogy valahogy más lettem, mint a többiek. Csak a fontos és az igazán nagy dolgok érdekeltek, nem úgy, mint a többi tinédzsert.

Elkezdett valami dolgozni bennem, igyekeztem minden időmet jól kihasználni. Minden délutánra volt valami plusz elfoglaltságom, nyáron, amíg a többi diáktársam táborba vagy nyaralni ment, én nyelvet tanultam vagy dolgoztam.

A műtét utáni tizenkét év – a fentieket leszámítva – gyakorlatilag számomra is úgy telt el, mint a többi egészséges embernek. **Gimnázium után főiskola, szerelem**, majd 1986-ban, a diploma megszerzése után nyáron az esküvő. A férjem természetesen mindent tudott rólam, öt évig jártunk együtt az esküvőnk előtt, volt időnk egymást megismerni. Akkor legalábbis azt hittem, hogy ismerem őt. Ma már tudom, hogy az csak a kezdet volt, s a közösen átélt megpróbáltatások még jobban elmélyítették, szorosabbá tették ezt a kapcsolatot, s életem legnagyobb ajándéka volt, hogy ő engem választott.

1988-ban ismét egy hosszabb kórházi bennfekvés következett. Ekkorra már kialakult a magas vérnyomás, amit napi háromszor háromféle vérnyomáscsökkentővel sem sikerült 170/100 alá szorítani. Szinte állandósultak a kínzó fejfájások. Hólyag-pacemakerem időközben elromlott, de szerencsére, talán fiatal koromnak köszönhetően, a hólyagom közben regenerálódott, cserére már nem volt szükség, így azt egy műtéttel eltávolították.

Ekkor már két éves házasok voltunk, s szerettünk volna gyerekeket. Az OTKI-ból elküldtek egy nephrológia konzíliumra a Margit Kórházba, ahol egyértelműen tudtomra adták, hogy egy terhesség kihordása végzetes következményekkel járhat nem csak az én, hanem a születendő gyermek számára is. Így természetesen nem mertük vállalni. A magas vérnyomás és a vesebetegség miatt fogamzásgátló szereket nem szedhettem, ezért úgy gondoltuk, a legbiztosabb megoldás a sterilizáció lesz, amit kérésemre akkor el is végeztek.

A következő hét év állandó küzdelemmel és megoldások keresésével telt el. Sajnos a lehetőségek egyre szűkültek. Bár tisztában voltam mindennel, ami rám vár, de az ember mindig reménykedik valami csodában, ami egyszer talán bekövetkezik. Egy betegtársamtól kaptam meg egy reflexológus természetgyógyász címét, akit hamarosan felkerestem. A nyolcvanas évek végén a természetgyógyászok hivatalosan még nem dolgozhattak, így az illető lábápoló kisiparosként „űzte az ipart". Az első élmények megdöbbentőek voltak, bár **akkor még nem igazán hittem a reflexológia hatásában**. A váróban ülő betegek egymás után mesélték sikeres gyógyulásuk és javulásuk történetét. Egy kicsit kételkedve hallgattam őket, de a harmadik kezelés után már én is kezdtem hinni benne. A vérnyomásom javult, és minden kezelés után egyre kevesebb gyógyszert kellett bevennem, míg végül hat alkalom után beállt 120/80-ra, mindenféle gyógyszer nélkül. Ez akkor olyan érzés volt számomra, mintha újjászülettem volna. Abban reménykedtem, hogy a vesémen is tud majd javítani, de erre azt a választ kaptam, hogy ahhoz már túl késő. Talán tíz évvel korábban még lehetett volna esélyem. Ettől kezdve állandó páciense voltam a természetgyógyásznak, aki a lehetőségekhez képest kéthetenkénti vagy havonkénti kezelésekkel rendben tartott. Később, a dialízis alatt sem volt semmilyen gondom. A kezelőorvos is csodálkozott a javuláson, de amikor elmeséltem neki, hogy természetgyógyászhoz járok, és ezt a javulást az ő segítségével értem el, mereven elzárkózott annak elismerésétől. Sajnos, később is ez volt a tapasztalatom.

Ez egy boldog időszaka volt életemnek, mert úgy éreztem, hogy újabb időt nyertem az élethez. Dolgoztam pedagógusként, a gyerekekben nagyon sok örömet találtam. Közben felépítettük a családi házunkat is, a magánéletünkben is minden rendben volt, boldogok voltunk.

Rendszeresen jártam kontroll vizsgálatokra, akkor már Szolnokra, ahol időközben megnyílt a Hetényi Géza Kórházban egy nephrológia osztály, ami ismét nagy könnyebbséget jelentett, mert nem kellett Budapestre utaznom minden alkalommal.

1994 őszére a kreatinin szintem már közel járt a 800-hoz. Akkor Rédl főorvos javaslatára elvégezték a dialízishez szükséges érműtétet, hogy a shunt bármikor készen álljon, ha szükség lesz rá. Ettől fogva hetente jártam ellenőrzésre, s tudtam, hogy ez már a dialízist megelőző utolsó stádium. A diétát még szorosabbra vettem, a gyógyszerek mellett alig ettem már valamit, csak folyadékot ittam. Ez ideig-óráig használt valamit, visszatornáztam, ha rövid időre is, 600-ra a kreatinin szintet. 1995 januárjában elkezdték a dialízist. Sosem felejtem el az első tűszúrást, pedig sokat szúrtak már korábban is, de azt az érzést nem lehet elfelejteni. Próbáltam életemet úgy beosztani, hogy mindenre jusson idő. A harmadik műszakra, szombatra kértem a kezeléseket, így tudtam tanítani, s minden ment tovább. Igyekeztem munkával tölteni minden időmet, hogy ne maradjon sok idő a betegségemmel való foglalkozásra. Bíztam abban, hogy ez csak egy átmeneti állapot. Néha voltak nehéz pillanatok és álmatlan éjszakák, de a külvilág felé igyekeztem úgy tenni, mintha semmi sem változott volna. Még a kollégáknak sem mondtam el, hogy hová járok.

Felkerültem a transzplantációs listára, s vártam a nagy lehetőséget. Nem kellett sokáig várnom, mert nyolc hónapi kezelés után 1995. szeptember 15-én pénteken rám mosolygott a szerencse. Éppen kezelésen voltam, amikor jött a riadó. A mentő szirénázva vitt Szegedre az I. Sebészeti Klinika Transzplantációs Osztályára. Műtét előtti vizsgálatok vártak rám és Marofka Ferenc doktor úr, a sebész, maga vette ki Szolnokon egy harminckét éves férfi veséjét, aki agyvérzésben halt meg. Egyetlen probléma volt, hogy éppen festették a sebészeti műtőt. Ha kapunk az új klinikán helyet, akkor meglesz a műtét, közölték velem. Mindenki reménykedett benne, hogy lesz. Lezuhanyoztam és köntösben ültem be a mentőbe, mellettem egy táskában a vese, és mentünk az új klinikára. Vártuk, hogy legyen üres műtő. Az elalvásom előtti utolsó mondat, amire emlékszem az volt, hogy a műtősnő felkiáltott: Úristen, itt minden fordítva van, mint nálunk!

Dr. Marofka és dr. Wangel teamje elvégezte a műtétet, s amikorra felébredtem, a vesém már beindult, s a méreganyag szintem három nap alatt normalizálódott. Mivel egy nagy adag szteroidot kaptam, ami felborította a szervezetem egyensúlyát, nem éreztem magam valami fényesen. De jó volt tükörbe nézni, a korábbi szürke bőrű arc helyett egy kitisztult, rózsaszín bőrű, megfiatalodott nő képe nézett vissza rám.

Azt hittem, hogy ezzel túl vagyok a nehezén, de sajnos tévedtem. Szervezetem erősen küzdött az idegen szerv ellen, s **egymás után négy alkalommal lépett fel kilökődés.** Nagyon el voltam keseredve, mert az osztályon csupa olyan beteg volt éppen körülöttem, akinek vagy leállt, vagy nem működött jól a beültetett veséje. Ez lelkileg engem nagyon megviselt, hiába mutattam az erős embert, a vegetatív idegrendszerem azonban jelzett. Annyira izzadtam, hogy papír zsebkendőket kellett a hónom alá tennem, állandóan folyt rólam a víz. Kiírtam magamnak egy papírra és az ágyam mellé kiragasztottam a falra, hogy **„Ez a vese bent akar maradni, és bent is fog".**

Semmi más reményem nem volt, hát ebbe próbáltam kapaszkodni. A nővérek, orvosok nyugtatgattak, de nekik ez a dolguk. Már nem mindent hittem el, amit mondtak, ezért gyártottam magamnak ezt a kis fogódzót. Reggel vagy éjjel, amikor fölébredtem, ez a mondat ott volt. Nekem ez akkor egy segítő szalmaszál volt.

A nagy adag immunszupresszív és szteroid kezeléseknek további váratlan hatása volt. Cysta a petefészekben, amiről korábban nem tudtam, tyúktojásnyira nőtt a transzplantáció után. Sikertelen leszívatás, majd laparoszkópos műtét, amely során kiderült, hogy mindkét petefészek policystás és a citológiai vizsgálat sem kedvező. Sajnos el kellett távolítani a méhet és a petefészket. Behívott az orvos, aki transzplantált, és elmondta, hogy a szövettan egy hét alatt lesz meg, és ha ez rák, akkor döntsek, mit akarok, mert az immunszupresszív szereknek van rákkeltő hatásuk, viszont a vesém jól működik. Akarom-e szedni az immunszupresszív szereket a mellékhatásokkal, vagy nem szedem, és annak vállalom a következményeit, döntsem el. Nem volt könnyű a döntés, de azt gondoltam, ha már van egy működő vesém, akkor az maradjon, és a hátralevő életemet inkább jobb életminőségben élem le, még ha az rövidebb is lesz.

A kórházi környezet, a hirtelen kilátástalanság nagyon megviselt. Ott álltam egy jól működő vesével, amely úgy tűnt, hogy a négyszeri kilökődése ellenére végül megmarad, s attól féltem, hogy egy másik kórral kell megküzdenem. Ez volt életem eddigi legmélyebb pontja, remélem, ilyet többet nem kell megélnem. Biztos kapaszkodót a férjem, a családom és az értem szurkoló barátok jelentettek. Szerettem volna műtét előtt egy kicsit hazamenni. Hétvégére haza is engedtek, de vasárnap estére vissza kellett mennem, hogy előkészítsenek a műtétre. Otthon találkoztam a barátaimmal, a családtagjaimmal, jól éreztem magam. Nem is foglalkoztam a továbbiakkal, nem aggódtam, nem idegeskedtem, bevállaltam, hát nekimegyek – gondoltam.

Megműtöttek, életemben tizenegyedszer. A műtőben közöltem az orvossal, hogy nekem egyelőre ez lesz az utolsó, többet nem jövök. A szövettani vizsgálat végül jó eredményt hozott, s így a karácsonyt már otthon tölthettem.

Nagy öröm volt, de igazából a kórházban töltött három hónapnak a feldolgozása nagyon sokáig tartott. Depressziós lettem, amit én akkor nem ismertem fel. Később tudtam meg, hogy az immunszupresszív szereknek van depresszív hatásuk is. Egyébként nagyon jó lett volna, ha a transzplantáció után egy pszichológus is segít feldolgozni a történteket. Ebben volt támaszom a férjem, s mindketten úgy éreztük, ezek után már bármi történhet velünk, mindent túl fogunk élni!

Ilyen hosszú kórházi kezelés után az ember egy kicsit magára hagyottnak érzi magát. A dialízis alatt és a kórházban is állandó az orvosi felügyelet, de a transzplantáció után igazából már nem nagyon tudtam kihez fordulni a napi, aprónak tűnő, még ismeretlen gondokkal. Olyan sorstársakkal szerettem volna találkozni, akik jól vannak, szerettem volna beszélgetni, tapasztalataikat meghallgatni.

1996. január 29-én jelentkeztem az akkor még egyetlen, transzplantáltakat tömörítő egyesületbe az MTSE-be. Innentől kezdve megváltozott az életem. Ott láttam, hogy **az új vesések is teljes értékű életet élnek**. Van, aki öt, s olyan is, aki már húsz éve! Ez lelkileg megerősített, s nagy fordulatot hozott az életemben.

Bátorítottak, hogy sportoljak. Először asztaliteniszt kezdtem el, majd később az úszást. Szerencsére mindkét sportágban találtam olyan szakembert, aki vállalta a velem való foglalkozást, s egy idő után egészen más embernek éreztem magam. A sport újra célt adott. Elkezdtem edzésekre járni. A gyógyszerek mellékhatásai csökkentek, javult a vérnyomásom, és a vízhajtók szedését is abbahagyhattam, kezdtem visszanyerni egykori önmagam. Visszatért az erőm és az életkedvem.

Ettől kezdve nem volt számomra kérdés, merre tovább. A sportot úgy tekintettem, mint receptre felírt gyógyszert, és hatott is, testnek és léleknek egyaránt.

Részt vettem minden MTSE versenyen, s nagyon boldog voltam, amikor beválogattak a Transzplantáltak XI. Világjátékára Sydneybe utazó csapat tagjai közé 1997-ben. Itt sikerült asztaliteniszből Kovács Marikával egy páros aranyat, valamint egyéniben bronzot szerezni, úszásból pedig egy ötödik és egy hetedik helyet.

Azóta a sport újra szerves része az életemnek. **Ha tehetem, mindennap edzek**, versenyekre járok és nagyon szép eredményeket értem el hazai és nemzetközi versenyeken egyaránt. A Szervátültetettek Világjátékán összesen 16 arany, 10 ezüst, és 6 bronzérmet szereztem.

Új barátokra is találtam sorstársaim között, és a sport visszahozta számomra azokat a lehetőségeket, amiket gyermekkoromban elvesztettem. A verseny izgalmát, a győzelem örömét, az elismerést.

Innen kezdve nem volt megállás. Felajánlottam, hogy a szövetségben is szívesen dolgoznék önkéntesként, heti egy alkalommal. A férjem is elfogadta ezt, így hetente egyszer feljártam Budapestre, s 17 évig a Magyar Szervátültetettek Szövetsége alelnökeként tevékenykedtem, majd 2015-ben – a korábbi elnök – Székely György halála után elnökké választottak. Tagja voltam 1999-ben a Budapesten rendezett Szervátültetettek Világjátéka Szervező Bizottságának. Felmerült az Európai Szövetség megalapításának gondolata is, majd jöttek a nemzetközi sportdiplomáciai sikerek. 2001-ben megalakult a Szervátültetettek és

Művese-kezeltek Európai Sport Szövetsége, amelynek én lettem az elnöke, és 2005-ben egy cilkusra a World Transplant Games Federation elnökségébe is beválasztottak.

Nekem ez a munka egy „terápia", sok sikert, örömöt, és úgy érzem, gyógyulást hozott. Jól érzem magam testileg, lelkileg egyaránt. Ez ad erőt ahhoz, hogy a mai nehéz, bizonytalan helyzetben is megpróbáljuk megtartani azt a szintet, amit elértünk, még akkor is, ha ez egyre több munkát is kíván tőlünk, s néha-néha úgy érezzük, hogy elég. Egy barátnőmtől hallott mondással szoktam magam vigasztalni:

„Ha nagyon el vagy keseredve, gondolj azokra, akik téged irigyelnek".

Transzplantáltak

Hála az ismeretlen donoroknak

„Minél kevesebb zökkenővel kerülhessünk vissza a normál életbe."
(Dévald Péter, veseátültetett úszó, Debrecen (1930–2011))

Dévald Péter, az éremhalmozó

Elsőként kaptam új vesét Budapesten, **1986-ban**. **Előtte tizenkét évig diétáztam, kezelések sorozatán estem át. A műtét után is legalább négy évnek kellett eltelnie, míg felvehettem a betegség előtti életritmust.** Ezeknek a tapasztalatoknak a birtokában **elhatároztam, hogy segíteni fogom hasonló sorsú társaimat** a felépülésben.

A Transzplantáltak Észak-kelet Magyarországi Egyesületét 1998-ban alapítottam meg. Néhány év elteltével a három megyéből (Borsod, Szabolcs, Hajdú) közel 300 főre gyarapodott a különböző szervátültetettek (vese, máj, tüdő, hasnyálmirigy) létszáma, és általában ezek 20 százaléka vett részt rendezvényeinken azzal a céllal, hogy orvosok és ápolók közreműködésével minél **kevesebb zökkenővel kerüljenek vissza a normál életbe.** Ugyanis a betegek a problémáik jelentkezését követően legyengülnek, elfásulnak. Évekig szenvednek, míg egy részük új szervet kaphat, azaz megfelelő donort találnak. Egyesületünk ezek felkutatását is magára vállalta. Járni kezdtük a kórházakat. Utánanéztünk a külföldi példáknak. Spanyolországban működik a legjobban a rendszer, ahol harminchat százalékban tudják az igényt kielégíteni, szemben a magyarok tizennyolc százalékával. A jobb eredmény elérése érdekében Budapesten létrehozták a donorkérdéssel foglakozó központot.

Hatékonyságának megható példáját éltük át, amikor egyik rendezvényünkön az a férfi mondott köszönetet, akin sikeres tüdőátültetést hajtottak végre Bécsben. Megtudtuk, hogy a tüdőt egy szülés közben elhunyt anyától kapta, akinek férje ajánlotta fel életfontosságú szerveit az arra rászorulóknak.

Sokszor marad titokban, kinek a szerve ment életet, ezért az egyesület tagjai évente megkoszorúzzák a Fiumei úti temetőben felállított kopjafát, amelyet egy egri szervátültetett társ készített az ismeretlen donorok iránti kegyeletből.

A fővárosban 1987-ben megalakított egyesület példája nyomán már tizenhárom közösség működik az országban. Programjában kiemelt szerepet kap a közösségeket összekovácsoló kulturális és sportesemények szervezése.

Én az úszásban és a tekében találtam meg életem értelmét. Évekig, még hetven éven felül is a legjobb magyar versenyzőnek számítottam. Nyolc világversenyen hat arany-, hat ezüst- és négy bronzérmet szereztem.

A magyarországi világjátékokon 1999-ben az összes résztvevő közül **a legeredményesebb férfi versenyzőnek járó díjat vehettem át.**

Igen nagy megtiszteltetés ért Balatonaligán, ahol negyvenegy sportág azon ötszázhuszonegy versenyzője kapott **Sport**

Nívódíjat, akik az előző évben világversenyeken érmet szereztek. Én a Japánban megrendezett világbajnokságon elért eredményemért érdemeltem ki.

A felkelő nap országában háromszor állhattam dobogóra a rendkívül erős mezőnyben. Négyszáz méteres úszásban első lettem, míg 100 és 200 méteren ezüstérmet szereztem. El lehet képzelni, mennyi izgalommal és megpróbáltatással járnak ezek a maratoni utazások, a páradús levegő. Ám kárpótlást nyújtanak a fantasztikus élmények.

Igencsak megszeppentünk, amikor egyik éjjel arra ébredtünk, hogy **az ágy mozog alattunk**. A helyiek egy kézlegyintéssel elintézték az akkori 5,2-es erősségű földrengést, ez olyan gyakori jelenség számukra. Mi viszont azt hittük, itt a világvége.

Az utcákon az ötemeletes utakon zajló közlekedés káprázatott el bennünket. Kipróbáltuk egy kilátó mozgó presszóját, amely nem csak a saját tengelye körül írt le egy kört, de húsz perc alatt az emeletről úgy ért le a földszintre, hogy közben a környék panorámájában is gyönyörködhettünk.

Helyi utazásaink során kényelmetlenségként tapasztaltuk, milyen szűkek az ülések a tömegközlekedési eszközökön és a vendéglátó helyiségekben. Arra a következtetésekre jutottunk, hogy azért van így, mert **a japánok soványak**. Nem híznak el, mert sokat mozognak, főként gyümölccsel és hallal táplálkoznak, hogy sokáig élvezhessék a feszített munkatempóval szerzett átlagon felüli életszínvonalukat.

A Transzplantáltak III. Európa-bajnokságán, Ljubljanában művesés társammal, Davidesz Elekkel együttesen nyolc dobogós helyet szereztünk. Debrecenből kettő, Magyarországról tíz művese-kezelt, és negyvennégy transzplantált vett részt a tizennyolc ország küzdelmében. Már az odautazásért is meg kellett szenvedni, hiszen saját kocsival több száz kilométert vezettem Ljubljanáig. Az úszóversenyek egy nap alatt zajlottak le, és a két versenyszám között kevés idő jutott a regenerálódásra. Engem ugyancsak megjegyzett magának a közönség egy számukra humoros, míg nekem kellemetlen közjáték miatt.

A százméteres gyorsúszó győzelmem után nadrágot cseréltem, de az idő rövidsége miatt, nem húztam meg kellőképpen a „gatyamadzagot". Így ugrottam be a vízbe, és néhány méter után éreztem, **kezd elhagyni a nadrágom**. Tanakodtam, mit is csináljak, de megállni semmiképpen sem akartam. Szerencsére a térdemnél megállt a nadrág, hogy végképp ne ússzak meztelenül. Igaz, tempózni alig tudtam lábbal, de végül harmadik helyen értem célba. A táv felénél vette észre a közönség puci hátsó felemet, és ütemesen biztatni kezdtek. Kárpótlásul az eredményhirdetésnél nagy tapssal jutalmazták erőfeszítésemet, no meg a többi helyezésemet is, hiszen összesítésben egy arany-, három ezüst- és egy bronzérem volt a termésem.

A tartalmas hét további napjain drukkoltunk a többi sportágban induló társainknak, valamint szervezett kirándulásokon gyönyörködtünk a varázslatosan szép tengerparti nevezetességekben.

Általában heti három-öt edzéssel tartottam kondícióban magam, ezért szinte valamennyi világversenyen biztos esélyese voltam a magyar gárdának. A lakásunkban kialakított trófea-sarokban szebbnél szebb érmek és serlegek idézik **gazdag sportéletutam** történéseit.

Hetvenöt évesen Kanadában vettem részt a következő világversenyen, hogy tovább gazdagíthassam éremkollekciómat.

Példamutató erőfeszítéseimet országos szinten is elismerték. Európa- és világbajnokok társaságában vehettem át a sportminisztertől a 2002-es év Sport Nívódíját.

Transzplantáltak

Amikor a túlélés mások halálán múlik

„A rehabilitációmban a sportolás és
az aktív munka szerepét tartom legfontosabbnak."
(Prof. Dr. Hancz Csaba, szívátültetett teniszező, Kaposvár)

Bajnoki aranyérem Vaxjöben (2010)

A szívátültetés története 1967-ben kezdődött, Dél-Afrikában. Barnard professzor hamarosan olyan világsztár lett, akiről még az akkori Magyarországon is tudhattunk mindent.

Az én történetem 1998-ban kezdődött. 46 évesen koromhoz képest kifejezetten jó fizikai állapotban voltam. Aztán **egyre fáradékonyabbnak éreztem magam**, kedvenc kikapcsolódásom, a teniszezés sem ment már úgy, mint korábban. A háziorvosom tüstént beutalt a helyi kórház kardiológiai osztályára.

Semmi tragikus, gondoltam magamban. Egy hét elteltével megkaptam a diagnózisomat (ismeretlen okú dilatativ cardiomiopathia). Felírták a gyógyszereimet, kellőképpen elláttak tanácsokkal, mi a leghelyesebb követendő életmód, és hazaengedtek. Tudtam, hogy nemcsak a tenisznek, de minden jólesően fárasztó fizikai munka örömének búcsút mondhatok, és **a betegségem gyógyíthatatlan**. Felfogtam persze, csak még nem tudatosult. Az viszont kissé gyanús volt, hogy a feleségem kisírt szemekkel fogadott, és a gyerekek is feltűnően megilletődöttek voltak.

Igen, a bevett szokás szerint a hozzátartozók tájékoztatása némileg kíméletlenebb, vagyis őszintébb volt. Néhány hét, néhány hónap, esetleg akár néhány év a hátralévő idő. Aztán elmúlt az első ijedtség, jöttek a mindennapok, a munka, apróbb-nagyobb gondok, noha **takaréklángon éltem együtt a betegséggel**, mint oly sokan, sőt mint mindenki más, igyekeztem nem gondolni a végzetre.

Traumaként hatott rám, amikor úgy két évre rá, a ki nem hagyható érettségi találkozónkon egyik orvos barátom mindenféle vizsgálat nélkül is egyértelműen megmondta, **csak a transzplantáció menthet meg**, mármint hosszabb távra. Ki ne tervezné az életét a lehető leghosszabb távra?

Akkor még csak elvi lehetőségként foglalkoztatott a dolog, az állapotom stabil volt, utána se néztem igazán, mit is jelent a szívátültetés. Ám alig telt el fél év, kis megerőltetést követő rosszullét az autópályán, rohammentő, és – kicsi a világ, valamint a sors útjai köztudottan kifürkészhetetlenek – egy nagy megyei kórház sürgősségi osztályán egy másik orvos barát, volt osztálytárs kezei között találtam magam.

Az újabb diagnózis még letaglózóbban hangzott – ilyen állapotú szívvel jó, ha **egy éved van hátra**.

Innen kezdve valóban életbevágóan fontos lett – az addig hivatalosan még nem javallt – transzplantáció. Kivizsgálások hosszú sora következett a Korányi Intézetben. Ki kellett deríteni, hogy alkalmas vagyok-e egyáltalán az új szív fogadására. Ennek ugyanis hosszú sora van. Elsősorban az egyéb létfontosságú szervek állapota, a gyulladás- és daganatmentesség. Pszichológus igénybevétele is javasolt, amit először nem értettem, utólag annál inkább. Az első hírek reménykeltően hangzottak, kiderült, hogy néha nagyon előnyös átlagosnak lenni. Legalábbis ami a testsúlyt illeti, és egy gyakori vércsoporthoz tartozni. Így nagyobb eséllyel lehet idejében donort találni.

Minden életmentő szervtranszplantáció kulcskérdése szerte a világon: sokszorta több a rászoruló, mint a donor. Következésképpen a különböző hosszúságú várólista sajnos teljesen általános, bizony még az olyan gazdag országokban is, mint az USA. A törvényi szabályozás és az emberek hozzáállása országonként, kultúrkörönként eltérő. Engem persze a magyar helyzet érdekelt, és sok mindent meg is tudtam. Olyan dolgokat, amelyek az orvosi titok fogalomkörébe tartoznak, jól nevelt és ráadásul jól beijedt, abszolút kiszolgáltatott helyzetben lévő betegként nem firtattam. Mindenesetre a Korányiban találkoztam néhány sorstársammal és néhány új szívessel. **Erős volt a szolidaritás érzése ott a kórházban**, nem úgy, mint a kinti világban. Itt szembesül igazán a közbeteg néhány hét alatt, egy legalább négyszemélyes kórteremben a magyar egészségügy helyzetével, az orvos-beteg viszonnyal.

Időközben meg kellett barátkoznom azzal a gondolattal is, hogy ha rajta leszek azon a bizonyos várólistán, az én túlélésem egy embertársam halálától függ. Ezt úgy igyekeztem kezelni, hogy éppoly természetességgel egyeznék bele bármely szervem, használható szövetem halálom utáni felhasználásához, mint ahogy adott esetben elfogadom azt.

Aztán elkövetkezett a nagy nap, ítélethirdetés: rákerülök az éles listára. Még meggondolhatom a dolgot, de nem gondoltam meg. Orvosaim becsülettel tájékoztattak a műtéti rizikótényezőkről, a különböző távú túlélési valószínűségekről, a műtét utáni **szigorúan betartandó életvezetési szabályok**ról.

Enyém a döntés, ami egyáltalán nem nehéz, bár némi kurázsi kétségtelenül kell hozzá. Segít persze a család is, mint mindenben, biztos háttér egyrészt, és az életcél része is.

Furcsa állapot a következő időszak: bizonytalan idejű tartózkodás a pokol tornácán, **lefelé kémlelve a purgatóriumba**, avagy felfelé kacsingatva – nézőpont kérdése. Sokaknak évekig tart, már ha kibírják. Olyan is van néha, hogy valaki lekerül a jelöltek listájáról, mert annyira javul az állapota.

A legrosszabb az egészben a bizonytalanság. Bármikor csöröghet a telefon, az ember várja is, fél is tőle, elodázná még egy kicsit. Közben az állapotom fokozatosan romlik, már muszáj komolyan venni a fogyatkozó szuszt. Közben lehetne tájékozódni, megtudni részleteket a műtétről, latolgatni az esélyeket. Változó a hangulat, talán néhány jó könyv ideig-óráig segíthet. Gondoljunk másra, amúgy is nyár van, a kedvenc évszakom. A kocka már úgyis el van vetve.

Mint kiderült, **a szerencse fia vagyok.** Az a bizonyos telefon éppen a megfelelő helyen, a helyi kórház szokás szerint tipptopp kardiológiai osztályán ért, ahol éppen az aktuális talpra állításomat végezte a már ismerős csapat. Gyorsan kimondtam a végső igent a koordinációt végző doktornőnek, és a donorom szívéért elindult a szakértő szívsebész egy budapesti kórházba. Mint később megtudtam, az ő szerepe, a donorszerv végső megítélése éppoly fontos mozzanata a transzplantációnak, mint maga a többórás műtét, az újraélesztés és az intenzív utókezelés. Nekem is mielőbb fel kellett jutnom a városmajori ér- és szívsebészeti klinikára. Akkor ez volt az egyetlen hely Magyarországon, ahol szívátültetést végeztek. Feleségem berohant a kórházba, hogy gyorsan elbúcsúzzunk. Hál' Istennek ilyenkor nincs idő elérzékenyülni sem.

2001. szeptember 12-ét írtunk, mindenki a New York-i tornyok összeomlását tárgyalta. Mi is a mentősökkel, mert **a terrortámadás miatt légtér-zárlat volt**, és a helikopter helyett négy keréken kellett leküzdeni a 200 kilométeres távot.

Ilyenkor az idő nagyon fontos, a szívet ugyanis a kivétel után – más szervekkel ellentétben – csupán 5–6 órán át lehet megfelelő állapotban tartani. Ezért aztán szívhez jutni talán még nehezebb, mint egyéb szervhez. A klinikán az első teendőm egy alapos sterilizáló zuhanyozás. Megtudom a kedves altatóorvosnőtől, hogy ne lepődjek meg, ha a régi szívemmel ébredek majd, hiszen az én előkészítésem és a donor szívének kivétele párhuzamosan zajlik. Ha a beültetendő szív mégsem tökéletes, ami kívülről nem ítélhető meg, elmarad a műtét. Közben hatni kezdett az imént bekapott Dormicum, úgyhogy már nem maradt időm a hallottakon gondolkodni. Ébredezni kezdtem. Zavaros tudatállapot, ami tartott még jó ideig. Azt azért hamar felfogtam, hogy a műtét nem maradt el, különben nem feküdnék egyedül egy műszerekkel zsúfolt steril szobában, kellőképpen kipányvázva. Kótyagos Gulliver egy nagy utazás után, aki az utazásból semmire sem emlékszik. Sajnálom, semmi „alagút, fény- és hangeffektus", semmi az úgynevezett halál közeli élmény szokásos kellékei közül. A műtét utáni első pár napot is csak később próbáltam összerakni. Feleségem és a két fiam arca, integető kezük az üvegajtó mögött. Közelembe természetesen csak a steril ruhás, maszkos ápolónők és orvosok jöhettek, ők nem. Mindkét, az újjászületésem felé vezető úton elindító és támogató orvos barátom is meglátogatott, **kedvesen biztattak**. Én meg valószínűleg elég bambán próbáltam reagálni, talán mosolyogtam, talán integettem, hogy minden rendben. Ők persze pontosabban tudták, hogy én mennyire vagyok jól.

Aztán kitisztult a fejem, és körülnéztem a következő két hétben otthonomul szolgáló, nagyon intenzív és nagyon steril szobában. Egyetlen olyan tárgy volt, amit némi gyakorlással önállóan és szakszerűen tudtam használni: a tv távirányítója. Ez ugyanis kezdetben nem volt érvényes minden testrészemre. A mobiltelefon is nagyon kedves cimbora lett a következő hetekben. **Meggyőződéssel vallhatok a szeretet és érdeklődés gyógyító erejéről.**

Az első napokban mindig volt mellettem kedves ápolónő, valóságos őrangyal, aki leste a kívánságaimat. Etettek, itattak, mosdattak. Egy kiskirály se élhet jobban!

Fizikai állapotom rohamosan javult, egyre kevesebb vezeték kötött egyre lazábban az ágyhoz. Tán egy hét se telt el, és már a gyógytornász is foglalkozott velem. Aztán kellően sterilbe öltözve kimehettem a folyosóra, személyesen fogadni egy-egy közeli hozzátartozómat. Soha előtte nem volt semmilyen műtétem, így aztán elámultam, hogy mire képes az amúgy oly sérülékenynek tűnő emberi szervezet. Hála a szakszerű ápolásnak, fájdalom szinte semmi. Viszont a fejemben történt valami, állandóan meg vagyok hatva, sokszor kerülget a sírás. Be nem állt a szám, ha volt hallgatótárs. Ez így ment még hetekig, nyilván fel kellett dolgozni a történteket. Később, a hathetes talpra állítás utolsó szakasza már a Korányi Intézetben folyt.

Most már én vagyok az új transzplantált, aki mesélhet a betegtársaknak. És meg is tettem, Tóni barátommal együtt, aki már több mint kilenc éve új szíves, és éppen túljutott egy enyhe krízis leküzdésén. Ha nem is szép, de meggyőző erejű pár vagyunk. Keresve se találhatna bárki jobb reklámot és referenciát a hazai szívtranszplantációnak.

Azt hiszem, soha olyan gyönyörű nem volt még az október, és nem esett olyan jól a séta az erdőben. Az erős gyógyszerek nem túl kellemes mellékhatásaival meg kellett ugyan birkóznom, de a szerencsém tovább tartott, semmi komplikáció, semmi kilökődési reakció.

Aztán egyszer csak eljött a várva várt nap, hazamehettem. **Fantasztikus élmény volt újra otthon lenni.** Sokat utaztam életemben, sokszor voltam huzamosan is távol a családtól, de ilyen jó még sohasem volt hazaérni. Másnap már benn voltam a munkahelyemen, nem kis feltűnést keltve, ami, azt hiszem, nem csak a csinos világoskék maszknak és a fehér pamutkesztyűnek volt köszönhető.

Még egy kérdés maradt: milyen is az új szív, amit egy tragikus sorsú ismeretlennek köszönhetek, mennyire tett más, netán jobb emberré?

Nem lettem új, más ember az új életesélyt adó műtét után, „csak" annyit változtam, hogy átértékeltem az élet fontos dolgait, és talán **nőtt bennem a tenni akaró együttérzés** szerencsétlen sorsú embertársaim iránt. Amit kívánok mindenkinek, ennyi hercehurca nélkül is.

A szívtranszplantációt követő hathetes lábadozás után azonnal visszatértem a munkámba. **Teljes munkaidőben dolgoztam** a Kaposvári Egyetem oktatójaként, ahová 2005-ben kaptam egyetemi tanári kinevezést. 2014 decemberében mentem nyugdíjba.

2005-ben kezdtem el újra gyakorolni kedvenc sportomat, a teniszt. 2006-ban már **nyertem egy egyéni bronzérmet** Pécsett, a transzplantáltak Európa-játékán, majd Nápolyban egy ezüstöt a szív- és tüdőtranszplantáltak európai megmérettetésén. Következett 2008-ban egy ezüstérem Vichyben, két évvel **később már bajnoki aranyérem** Vaxjöben. Sikerült megismételni elsőségem, 2012-ben Apeldoornban a szív- és tüdőtranszplantáltak Európa-játékán. Nyertem még néhány ezüstöt párosban, míg a röplabdacsapat tagjaként bronzokkal gyarapodott az éremgyűjteményem. Az utóbbi két játékon a csapat menedzsereként és az egyesületünk küldött képviselőjeként is helyt kellett állnom. Ezeket a játékokat az EHLT szervezi, a szív-tüdős csapat eddig 5–7 tagú volt. Részvételi díjunkat az országos szövetség fedezi, az útiköltséget pedig mi álljuk. Eredményes évet zártam 2014-ben. A Vilniusi Szív-és Tüdőtranszplantáltak Európa Játékán bajnoki címet szereztem tenisz egyéniben, míg a röplabdacsapat tagjaként a harmadik helyet vívtuk ki.Több évig voltam a **„Szív a szívért alapítvány" kuratóriumi elnöke**, ahol intenzív betegjogi tevékenységet fejtettem ki Székely György, az országos szövetség elnökének segítségével.

Személyes „rehabilitációmban" a sportolás és az aktív munka szerepét tartom a legfontosabbnak. Mindez **nem valósulhatna meg biztos családi háttér nélkül.** Feleségemmel 41 éve vagyunk házasok, két felnőtt fiunk és egy leányunokánk van.

Az odafigyelésnek és kitartó munkának köszönhetően elmondhatom, hogy a transzplantációval kapcsolatban szinte a kezdetektől fogva, de 2003 óta egyértelműen tünetmentes vagyok. Ezt az állapotot kívánom hasonló sorsú társaimnak is. Történetem **Esély az életre, címmel írtam meg, ami 2003-ban jelent meg: Transzplantációs Alapítvány a Megújult Életekért – NOVARTIS Kiadó** gondozásában több hasonló esettanulmánnyal. **(Budapest)**

Email: hancz.csaba@kabelnet.hu

Transzplantáltak

Egy napon belül két szervátültetés

"Szeretném, ha nagyon sok hozzám hasonló sorsú emberhez eljutna és erőt adna nekik történetem."
(Krucsó Zsolt májátültetett úszó, Debrecen)

Krucsó Zsolt edzésen a debreceni sportuszodában

Gyermekkoromtól kezdve sportos életet éltem, kedvenceim a labdajátékok voltak. Középszinten, hobbiszerűen próbálgattam magam több sportágban, gyakorlatilag napi rendszerességgel. Meggyőződésem, hogy nagyrészt ennek köszönhetően éltem túl a betegségem okozta komoly megpróbáltatásokat.

Az egész egy **kellemetlen bőrviszketéssel kezdődött**. Gyanútlanul jelentkeztem a bőrgyógyásznál, aki részletes laboreredménnyel a kezében mellbevágó hírt közölt velem: komoly probléma van a májammal, és hogy nem kellene annyit italoznom... Akinek 30 éves koráig még csak a sportorvosokhoz volt köze, annak, így nekem is, ez óriási traumát jelentett. Persze hogy nem ittam, pusztán csak annyit, mint bármely normális ember, már csak más rossz példákból okulva is.

Betegségem pontos meghatározása céljából ekkor **vizsgálatok sora következett**, több közülük nagyon kellemetlen volt. A legnagyobb megpróbáltatást azonban mégis a bizonytalanság jelentette, hogy vajon meggyógyulok-e, és ha igen, mikor. Tíz éven keresztül minden héten májszakrendelésre jártam, mindvégig abban reménykedve, hogy hamarosan meggyógyulok. Az első pár évben talán emiatt sem tudatosult bennem a tény, hogy számomra **csak a transzplantáció hozhat túlélést**. Szerencsére vagy sajnos? Meggyőződésem, hogy az előbbi.

Közben dolgoztam, és természetesen, amennyit csak lehetett, továbbra is sportoltam.

Aztán 2003 tavaszán kezelőorvosom, dr. Weisz György főorvos szakértő véleménye szerint elérkezett az idő a májátültetéshez való felkészülés elkezdéséhez, a végeláthatatlannak tűnő kórházi kivizsgálási sorozathoz, amely már közvetlenül a transzplantációs listára kerüléshez, illetve az azt követő életmentő műtéthez jelentett beugrót. **Több mint fél évet vettek igénybe ezek a protokoll vizsgálatok,** melyek azt voltak hivatottak eldönteni, hogy alkalmas vagyok-e a műtétre, és az adott pillanatban a donormáj alkalmas lesz-e számomra. Felkerültem a listára, ahol akkoriban még évente 40–50 fő várakozott szervátültetésre. A szorongásokkal, de reményekkel teli várakozás több hónapig, akár évekig is eltarthat, ám a többi szervátültetéstől eltérően ezt nem lehet sokáig halogatni, mivel a **„májgépet" még nem találták fel**. A beteg szerv vagy kitart addig, vagy nem. Ez így elég durván hangzik, de ezzel a tudattal kell élni mindvégig, egyfajta készültségi állapotban, várva, hogy végre csörögjön a telefon, amikor azonnal indulni kell.

Nekem a szinte mindennapos testmozgás – akkoriban a kispályás foci szerelmese voltam – segített a viszonylag jó fizikai állapot fenntartásában. A lelket a feleségem, a családom és persze a kiváló kezelőorvosaim tartották bennem, akik folyamatosan biztattak: kezdetben Debrecenben, a Kenézy Kórház járó beteg szakrendelésein a korábban is említett dr. Weisz György főorvos és dr. G. Kiss Gyula gasztroenterológus főorvos, majd közvetlenül a transzplantáció előtti időszakban a SOTE májambulanciáján dr. Fehérvári Imre főorvos, aki a későbbiekben a sikeres műtétemet is végrehajtotta.

A várólistára való kerülést követően szerencsére alig pár hónap után jött az első riasztás. Csütörtökön még fociztam, pénteken kora délután telefonáltak, hogy azonnal induljak Budapestre, mert szombat reggel megoperálnak.

Pénteken este 9 óra körül azonban váratlanul közölték, a műtétet el kell halasztani, mert a hozzátartozók nem járultak hozzá a szervátültetéshez. Mondhatom, sokkoló volt a hír!

Erről annyit kell tudni, hogy Magyarországon kiskorúak kivételével bárkinek az átültetéshez alkalmas szerve szabadon felhasználható, ha életében ez ellen írásban nem nyilatkozott.

A műtétet tehát sajnos el kellett halasztani, mehettem haza azzal a nagy kérdéssel, hogy vajon mikor adódik újra ez a lehetőség.

Esetemben szerencsére pontosan egy hét telt csak el, és az előzővel szinte azonos koreográfiával történt minden. Ekkor azonban már semmi sem jött közbe, és a kórteremben töltöttem a péntek éjszakát.

Szombaton a hat órás műtétet követően az orvosi team megdöbbenésére – annak ellenére, hogy a műtét közben semmilyen komplikáció nem történt – az új máj megmagyarázhatatlanul nem látta el feladatát. Ekkor valószínűleg mindenki azt gondolta, hogy vége.

Belépett azonban az angyali segítség. Még aznap, rövid időn belül egy újabb esélyt kaptam az élettől. Lehetőség adódott újabb műtéttel egy másik máj beültetésére. Ez így nagyon egyszerűen hangzik, azonban az orvosi team kiváló munkája mellett szerencsés véletlenek sorozata, sajnos egy másik ember halála és nem utolsósorban Feszt Tímea koordinátor nagyszerű szervezőmunkája is kellett ahhoz, hogy a nap számomra jól végződjön.

Az történt, hogy az operáció közben értesítést kaptak az orvosok, hogy **Szeged környékén még egy máj áll rendelkezésre**. Akkor ezt kapacitás híján – mivel Magyarországon csak a SOTE Transzplantációs Klinikáján végeznek májtranszplantációt, és ugyebár épp az én műtétem kellős közepén tartottak – kénytelenek voltak visszautasítani. Pár óra múlva, amikor az operáció sikertelenségét konstatálták, még mindig aktuális volt az a bizonyos Szeged környéki információ, és csodálatos módon minden tekintetben passzolt hozzám ez a második máj is. Normális esetben Budapestről utazik az orvosi team a donormáj kivételére, azonban ez a repülőtéri műszaki hiba miatt akadályba ütközött, egyúttal újfent veszélybe került az életem. Szerencsémre képbe került egy katonai repülőgép, ami Bécsből érkezett és az elhunyt tüdejét kellett elszállítania. Dr. Szrenohadszky Pál szegedi főorvos gyors és szakszerű közreműködésének köszönhetően a gép a májat is fel tudta venni, és azt kis kerülővel Ferihegyen átadni a mentősöknek.

Mindeközben engem természetesen folyamatos altatásban kellett tartani, ami nem volt egyszerű feladat. Dr. Fazakas János aneszteziológus főorvos óriási bravúrja kellett hozzá. Majd következhetett a harmadik hat óra az újabb műtéttel, amely végül **az orvosi team kemény, 18 órás fizikai és szellemi munkájának köszönhetően sikeresen zárult.**

Mind testileg, mind lelkileg nagyon nehezen viseltem az egy hónapig tartó kórházi kezelés viszontagságait. Az intenzív osztályon is csak három napig tartott a kezelésem, mert képtelen voltam elviselni az ottani miliőt, annak ellenére, hogy gondos kezekben voltam. Ragaszkodtam hozzá, hogy a feleségemen kívül más ne látogasson. Legyengülve, lefogyva, de egy nagyon jól működő új szervvel a testemben kerültem ki a klinikáról. A kezdeti időszak nagyon nehéz volt. Heti rendszerességgel fárasztó, egyéni utazások következtek – melyeket többnyire alvással vészeltem át – a budapesti májambulanciára, kontrollra, szájmaszkkal védekezve a tömeg ellen, a fertőzés, illetve a kilökődés veszélyét minimálisra csökkentve.

Hosszan tartó felépülésem időszakában két jelentős esemény adott erőt hitem visszanyeréséhez és testi-lelki kondícióm egyensúlyba kerüléséhez.

Az első egy tőlem valamivel idősebb és szintén debreceni sorstársam, **Demeter Józsi csupa derűs, biztató látogatása** volt, amikor még a kórházban feküdtem. Megnyugtató volt látni, hogy a májtranszplantációból ilyen jól is ki lehet jönni.

A másodikat a Magyar Transzplantáltak Szövetsége Magazinjának, a *Szervusz*nak a kezembe kerülése jelentette, ahol épp a nemrég befejeződött **Európa Játékok eredményeiről olvashattam, tele magyar sikerekkel**.

Előtte még legmerészebb álmaimban sem gondoltam rá, hogy én még valaha sportolhatok, de hogy versenyzés is lehet belőle, azt pláne nem reméltem. Mivel a műtét után még fizikailag nagyon gyenge voltam, a kerékpározáson és az úszáson kívül akkor más sport nem jöhetett szóba.

Gyerekkoromban nagyon jól megtanítottak úszni, aminek aztán a katonaság idején is nagy hasznát vettem, mert bekerültem a laktanya válogatottba, és ennek révén sokkal lazábban teltek a hosszú hónapok. Ezt követően viszont gyakorlatilag 15 évig még uszodában sem voltam, mégis úgy döntöttem, hogy megpróbálom újra az úszást. Az első próbálkozásaimat a nagyerdei strand ötven méteres versenymedencéjében tettem meg. Egyszer úgy adódott, hogy épp a Debreceni Szenior Úszó Klub edzésidejében úsztam ott. Rövid időn belül már velük edzettem, és edzek a mai napig is, ahol rutinos, kiváló úszók, köztük dr. Rentka László klubelnök és a sajnos 2011-ben elhunyt Dévald Péter, veseátültetett többszörös világbajnok sportoló is segítette a felkészülésem.

Egyre jobb formában éreztem magam, és egy évi edzésmunka után elérkezettnek láttam az időt, hogy „élesben", azaz versenykörülmények között is kipróbáljam magam. Egy évvel a műtétet követően, 2005. április 1-jén Pécsett sikerült megúsznom azokat a szintidőket, amik felbátorítottak és fel is jogosítottak arra, hogy – támogatóim és barátaim anyagi segítsége révén – részt vegyek Kanadában a Szervátültetettek Világjátékán. Öt versenyszámban álltam rajtkőre, két negyedik és egy ötödik hellyel debütáltam, mindezt úgy, hogy egy ott szerzett kézsérülés következtében az alkaromon lévő műanyag rögzítővel úsztam végig a versenytávokat.

Azóta már **5 Világ- és 3 Európa-játékon is túl vagyok**, és szinte minden versenyszámban, amiben indultam, dobogós helyezést sikerült elérnem. 2009-ben a Brinane-i Gold Coaston rendezett világjátékokon a 100 méteres mellúszás döntőjében csupán 2 századdal maradtam le az aranyéremért folyó küzdelemben, de összességében nem voltam szomorú, mert egyéni csúcsot úsztam mind az öt versenyszámomban, ahol elindultam. Három ezüst- és két bronzéremmel járultam hozzá a magyar küldöttség éremterméséhez

2008-ban a Szervátültetettek Európa Játéka **legeredményesebb versenyzőjének választottak**. Ugyanebben az évben a MSZUOSZ Sportcsillagok gáláján a Fogyatékkal élők kategóriájában a nemzetközi versenyeredményeimet elismerve a III. helyezettnek járó díjat vehettem át.

Nádudvar díszpolgára címet kaptam 2011-ben.

Büszke vagyok a sporteredményeimre és ezekre a kitüntetésekre. Összességében elmondhatom: Coubertin báró sportról írt ódájának szinte minden sorát átéltem, és személyes példámmal tudom igazolni nagyszerű erejét.

„Istenek ajándéka, sport! Élet éltető vize!" **Szeretném, ha nagyon sok hozzám hasonló sorsú emberhez eljutna és erőt adna nekik történetem.**

Triatlon

Egyre öregebb, mégis erősebb

*„Kerestem a felépülés lehetőségét,
amit ismét a sportban találtam meg."
(Molnár Sándor, Debrecen-Józsa)*

Molnár Sándor egy győri versenyen, az élen (2011)

Gyermekkoromban tanyán nőttem fel. Dolgos családunkat szerető szüleim és hét testvérem alkotta. A testvérek között csak egy lány volt. **A nagy távolságok miatt biciklivel közlekedtünk**, így bennem volt a kerékpározás rutinja, aminek később igen nagy hasznát vettem.

Korai emlékezetes eseményem nyolcadikos koromban történt, amikor egy csintalan tett miatt félévkor hárman megbuktunk testnevelésből. Szerencsémre tavasszal jött a bikliversenyek szezonja, és én a Csepel kerékpárommal sorra nyertem a viadalokat. Tanárom igen büszke volt rám, egyből **feledésbe merült a sérelem**, a későbbiekben kedves tanítványaként tartott számon.

Egy alkalommal reggel hétkor olvasom az újságban: nyolckor kezdődik egy verseny Debrecenben. Ez kell nekem, gondoltam, nyeregbe pattantam, és nyolc előtt öt perccel szerényen kérdeztem a rendezőket: elfogadnák-e még a nevezésemet?

– Persze! – hangzott a biztató válasz.

A rajtnál félszegen végigmértem hatalmas termetű ellenfeleimet, de elszántan nekirugaszkodtam a 20 kilométeres távnak. A Nyulasi sorompó előtt úgy éreztem, elhagy minden erőm, de láttam, hogy vetélytársaim is lankadni kezdenek. Ez valahogy erőt adott, és a 10 kilométeres fordulónál már első helyen haladtam. Ettől kezdve már csak az volt a kérdés, **milyen előnynyel szakítom át elsőként a célszalagot**.

Ekkortájban futottam össze a hajdúböszörményi Győri Istvánnal, akivel a barátságunk a mai napig tart. Anno együtt alapítottuk meg a Bocskai Kerékpáros szakosztályt. Előtte még a „vaskerekű" kategóriában indulgattunk, váltakozó eredményekkel. Ipari tanuló koromban az **összekuporgatott pénzemből megvásároltam első versenygépemet**. Sajnos nem sokáig élvezhettem vele a száguldást, mert a kölcsönbe adott járgányomat összetörték. Ez sem tört le, hanem még jobban elfogott a versenyzési láz.

Életem következő jelentősebb szakasza a **katonasághoz fűződik**. Itt hivatalosan tiltotta a szabályzat a versenyeken történő részvételt az esetleges sérülések miatt. Ez igen fájó pont volt számomra. A laktanyán kívül elrejtettem a kedvenc kétkerekűmet, és amikor csak tehettem, felpattantam rá. Nem egyszer „hazarepültem" vele Miskolcról Debrecenbe, amikor „eltávot" kaptam.

Az igazi poént az jelentette, amikor összegyűjtöttem a szabadságom, hogy titokban részt vehessek a Tour de Szabolcs elnevezésű nagyszabású megmozduláson.

Novák Ferenccel, a félkarú világjáró postás kerékpárossal ekkor találkoztam először, de nem utoljára. **Csodáltuk, hogy**

tud olyan eredményes lenni egy kézzel. Fordulókat megoldani, a csomagokat kiegyensúlyozni, időjárási viszontagságokat legyőzni. Tiszteltük, becsültük akaraterejéért, közvetlenségéért. Szívesen hallgattuk történeteit, később pedig fiával is jó beszélgető viszonyba kerültem.

Visszatérve a szabolcsi kalandomra, a hetven-nyolcvanfős mezőnyben a harmadik nap végén a 10. helyen álltam. Az utolsó versenynapra felküzdöttem magam az élmezőnybe, úgy, hogy a második-harmadik helyért szállhattam versenybe. Igen ám, de **a cél előtt hatalmasat buktam**, és a fél oldalam annyira leradírozódott, hogy visszatérve a laktanyába a gyengélkedőn kötöttem ki. Persze, nem mondtam meg az igazat, a fogda elkerülése végett.

Pár nappal később a parancsnokom egy újságot lobogtatva kérdezte: vajon nem rólam szól-e ez a cikk véletlenül? Bocsánatát ismét a teljesítményemmel érdemeltem ki, nevezetesen: a járőrversenyeken és a lövészetben kivívott győzelmeimmel **öregbítettem laktanyánk hírnevét**.

Leszerelésem után következtek a munkás évek, ami mellé még vidáman belefért a sportolás is. Elkezdtük a komolyabb edzéseket Hajdúböszörményben, és II. osztályú szintet értünk el. Igazából kiharcolhattunk volna komolyabb eredményeket is, de a menőkhöz képest gyengébb minőségű kerékpárjaink miatt nem tudtunk előrébb lépni a ranglétrán. Ehhez **a kerékpározás szeretete már kevésnek bizonyult**.

Nyári szabadságaink idejére kerékpáros túrákat szerveztünk. 1969-ben Rijekát néztük ki célpontnak István barátommal. Harmadik társunk, Tóth Anti motorral hozta utánunk a csomagjainkat. A határig vonattal mentünk, onnan pedig két nap alatt letekertünk a tengerpartig. Nem volt éppen veszélytelen a politikai helyzet, de ezzel mit sem törődtünk.

Amikor eláztunk, bementünk a kocsmába „melegítőt" venni. Egy alkalommal vadkempingezés közben arra ébredtünk, hogy **ég mögöttünk az erdő**. Riadtan továbbálltunk.

Önfeledten élveztük a gyönyörű táj adta örömöket, a szabadság boldogító érzését. Fürödtünk a tengerben, fotózgattunk, hogy legyen mit mutogatnunk az otthon maradottaknak. Egy hasonló pihenő után azt vettük észre, bizony egy táskával könynyebbek lettünk. Nem is akármelyikkel, hanem azzal, amiben az úti okmányaink, fényképezőgépünk, minden pénzünk benne volt. Kevés reménnyel, de mégis visszamentünk a negyven kilométerre eső forgalmas parkolóba. Ha hiszik, ha nem, a **mostohán kezelt csomagunkat ott találtuk, ahol hagytuk**.

A következő válaszutat az életembe a nősülés hozta: **sport vagy lakásépítés?** Az utóbbira szavaztunk feleségemmel, és Józsára költöztünk. Az állami szektorból a magán kisiparosságra tértem át, és a kerékpár helyett a megélhetésért hajtottam. Ez egy húsz éves periódust jelentett életemben.

Néha azért elindultam nosztalgiából a Falusi Spartakiádokon. Utólag talán nevetségesnek tűnhet, hogy a feleségemnek vett kis huszonhatos bicajjal álltam rajthoz a szép szál legények mellett. Meg is kérdezték néha tőlem: te meg mit akarsz azzal a gyerekbiciklivel? Nem törődtem a megjegyzésekkel, annál elszántabban tekertem, és jó néhányszor sikerült borsot törnöm az előkelőbb járgánnyal versenyzők orra alá.

Negyvennyolc éves koromra amortizálódtam. Kerestem a felépülés lehetőségét, amit ismét a sportban találtam meg. Kezembe került újfent egy újságcikk: olimpiai ötpróba lesz Debrecenben. Feltettem magamnak a kérdést: tudok én még egyáltalán biciklizni? Kételyemet sikerült eloszlatnom, és bekapcsolódtam a tömegsport mozgalomba. **Minél többet sportoltam, annál jobban éreztem magam.** A mozgalom kapcsán ismerkedtem meg a triatlonnal, és annyira megtetszett, hogy átnyergeltem arra a sportágra.

2006-ban mentem nyugdíjba, azóta már több időm jut a sportra. Testsúlyomból leadtam nyolc–tíz kilót, a jelenlegi hetven kilóm jó közérzetet biztosít számomra. Érdekes kimondanom, de miért is ne tenném, ha igaz: minél öregebb vagyok, annál erősebbnek érzem magam, és ez az eredményeimben is jelentkezik.

Közben **életmódváltásra kényszerültem** egészségügyi okokból, de úgy érzem, ez is a javamra vált. Candidás lettem. Kezelésére lemondtam a húsevésről és az édességről. Enyhe vegetáriánus étkezésre tértem át, halat, csirkét fogyasztok, a gabonafélék kerültek előtérbe a táplálkozásomban, sok gyümölccsel és zöldséggel.

Mozgásrendszerembe **beépítettem néhány jóga elemet**, többek között a vitalizáló gyertyát, fejállást és ekeállást. Ezek a mozgások segítettek aranyeres panaszaim eltüntetésében, ami igencsak kellemetlen volt a kerékpárom nyergében. Odafigyelek a légzésemre. Ezt tanácsolnám ellenfeleimnek is, hiszen sokszor rossz hallani, ahogy zilálnak versenyzés közben.

Jelenleg Badacsonyban élek, és ez kedvező terepet nyújt a futó- és kerékpáros edzésekhez. Amint a víz hőmérséklete engedi, az úszást is be tudom építeni az edzéstervembe. Igazolt versenyzője vagyok a debreceni Sportcentrum triatlon szakosztályának.

Hatvanhárom évesen, 2009-ben indultam először Ironman versenyen, ami 3,8 km úszásból, 180 km kerékpározásból, és 42 km futásból áll. Első alkalommal az volt a célom, hogy szintidőn belül teljesítsem a távot. Ez az elvártnál jobban sikerült, és második helyen végeztem korosztályomban.

A legjobb időt 14,04 órát 2011-ben értem el. Három évig **zsinórban nyertem a 1/2-es Ironmant**, ezt már a hajdúböszörményi Tekergők SE színeiben.

A 2012-es verseny azért maradt igazán emlékezetes számomra, mivel gyengébb úszó lévén utolsóként jöttem ki a vízből, ezért a kerékpározást 28 perc hátránnyal kezdtem. Ezt a futás előtt már nyolc percre tudtam csökkenteni és a hajrában az utolsó 200 méteren volt erőm megelőzni a mezőnyt, és megnyertem a versenyt. Ezért is szeretem a triatlont, mert változatos, és izgalmas.

A verseny előtt és után olyanok vagyunk, mint egy nagycsalád. Jókat beszélgetünk, barátkozunk. Verseny alatt viszont nyomjuk a pedált.

A balatonfüredi rövidtávú versenyeken eddig három győzelmet szereztem.

Az utóbbi három évben szinte majdnem minden versenyen dobogós voltam. Ezt a **rendszeres edzéseknek köszönhe-**

tem. Két éve vagyok birtokosa annak az arany oklevélnek, amit azok kapnak, akik egy éven belül négy vagy több országos bajnokságot nyernek. Duatlonban az év veterán sportolója lettem, rá egy évre 2013-ban duatlonban és triatlonban is a ranglista első helyen végeztem.

Ezen kívül évente teljesítek egy maratoni távot, elindulok 3–4 félmaratoni megmérettetésen, valamint próbára teszem magam fél tucat 10 km-es futáson, nem sikertelenül.

Ebben a korban nem igazán a helyezés számít, hanem az, hogy jól érezze magát az ember, egészséges legyen, és ne szedjen gyógyszereket.

Addig akarok versenyezni, amíg jólesik és örömet okoz. Tizenöt évvel ezelőtt elsősorban az egészségmegőrzés és a fizikai megerősödés volt a célom. Ettől jóval többet értem el. Harmonikus, sportos nyugdíjas évek követik egymást, és emellett jut időm a családra, unokáimra, hobbi munkára, sőt a sokat emlegetett időskori kertészkedésre is.

Ha az ember nyugdíjas lesz, az nem azt jelenti, hogy mindent abbahagy. A mozgás, a fizikai munka, a mindennapi célok és feladatok kitöltik az ember életét, nincs unalom.

Ha majd nehezemre esik a versenyzés, akkor jöhet a természetjárás, kirándulás.

Előttem van a Novák-féle recept: nem az idősebb kor nyűgjeivel kell foglalkozni, hanem újabb és újabb célok kitűzésével és megvalósításával.

Triatlon

Olimpia helyett 16 műtét

„A sport nevelt kitartásra, adott erőt
az életben maradáshoz, és ad célt a folytatáshoz."
(Pethő Zoltán Pepe, Debrecen)

Pethő Zoltán sportiskolás tanítványaival

Hároméves koromban ismerkedtem meg az úszással. Edzőm, Pocsai János fantáziát látott bennem, amit én országos és nemzetközi sikerekkel háláltam meg. Úszó pályafutásomnak az akkori klubom, a debreceni Dózsa megszűnése vetett véget. Papp Zsolt triatlonos edző megkeresésére váltottam sportágat.

Az 1996-os év edzéssel és szárnypróbálkozásokkal telt el. Egy évvel később már **vezettem a juniorok magyar triatlon és duatlon ranglistáját,** és elkezdtem kacsintgatni a nemzetközi mezőny felé. Egyre magasabb színvonalú versenyeken indulhattam, lassan beleérve a felnőtt mezőnybe. 1999-ben a felnőtt klubcsapatunk az országos bajnokságon szerzett 2. helyezésével kvalifikálta magát a tiszaújvárosi EB-re, ahol 10 másodperccel Európa előtt jöttünk ki a vízből, és a világ legjobbjait összegyűjtött mezőnyben a 6. helyen zártunk.

A triatlon 2000 óta vált olimpiai sportággá: a világranglista első 50 helyezettje indulhatott. Micsoda lehetőség! Az EB-n nyert pénzdíjat innen-onnan kiegészítve felültem a repülőre, s **elmentem az izraeli Eilatba edzőtáborozni**. December elejére írtak ki erre a helyszínre egy világkupát, s gondoltam, ha megnyerem, megyek Sydneybe az olimpiára. A versenypályán edzettem mindennap. Délutánonként idilli környezetben, olykor a **delfinek társaságában úsztam a Földközi-tengerben**, este pedig futással fejeztem be a napot. Nagy elszántsággal készültem a megmérettetésre. Azt gondoltam, semmi sem állhat terveim útjába.

Ám 1999. november 2-án reggel 6 órakor jelzett az óra, és elindultam kerékpározni a szokásos útvonalon. Eilatból 2x2 sávos út vitt ki a sivatag, a hegyek felé, középen pálmafás szigettel. A balesetem körülményeit csak a rendőrségi információk alapján tudom elmondani, nem emlékszem semmire.

Épp egy lehúzódó autót próbáltam kikerülni, amikor **hátulról egy mikrobusz nekem jött**, átrepített a pálmafák között, és egy szemben szabályosan közlekedő taxi szélvédőjének csapódtam. Az ütközés következtében polytraumatizációs sérüléseket szenvedtem. Súlyos koponya-, 12–13-as gerinccsigolya-törést, máj, epe, vékonybélsérüléseket szenvedtem. **Helikopterrel szállítottak a Beer-Shevai kórházba.** Az eilati konzul értesítette a szüleimet, közölték velük, hogy nagyon súlyosak a sérüléseim, nem biztos, hogy túlélem. Édesanyám a balesetet követő harmadik héten érkezhetett meg hozzám a kórházba. Ennyi ideig tartott, míg a szükséges dokumentumokat és a kiutazáshoz kellő pénzt megszerezte. Addig **kómában és mély altatásban voltam.**

Mivel a gerincemet csak másfél hónap múlva tudták megműteni, ezen idő alatt az édesanyám ápolt, masszírozta a talpam, beszélt hozzám folyamatosan. Próbáltam újra rendesen használni a jobb kezemet, amelynek feszítőizmai a mai napig sem működnek rendesen. Keresztrejtvényeket fejtettem a memóriám miatt, a fejsérülésemre való tekintettel. Az elején nehézkesen ment. Tudtam, hogy néz ki a barátom, de nem tudtam a nevét. Tudtam, hogyan néz ki az „A" betű, de nem tudtam beírni a keresztrejtvény kockájába. Teltek-múltak a napok, „edzettem"! Egyre jobban engedelmeskedtek az ujjaim és következhetett a gerincműtét. Ez **már a 12. vagy 13. operációm volt**, mert a hasi sérülésem állandóan felülfertőződött. Huszonhat kilót fogytam, s egy átlátszó fólia volt varrva a hasamra, mert a fogyás miatt nem tudták összevarrni a hasfalamat, valamint a felülfertőzés miatt így könnyebb volt az orvosi beavatkozás.

A gerincműtétem közel kilenc órán át tartott. Az eltört csont próbált regenerálódni és összeforrt, ezért azt újból el kellett törni, helyre rakni és platinával rögzíteni, ami ma is bennem van. A műtét előtt meglátogatott az akkori magyar válogatott versenyző csapata, ami nagyon jól esett.

Az operációt követő három napon tűrhetetlen fájdalmaim voltak, enyhítésére **három óránként morfiumot adtak**. Ezt követően közel két hónap fekvés után felültettek, majd **újra kezdtem tanulni a járást**. Ez hosszú és nagyon kemény időszak volt. 1999 karácsonyára felcsillant a remény, hogy hazajöhetek, és Debrecenben rehabilitálnak tovább. Hosszas procedúra után (befogadó kórház, kezelő orvosok megtalálása, írásos levelei) szerencsére sikerült a karácsonyt már itthon töltenem. A balesetet követően további két évre volt szükségem a felépüléshez. Önállóan próbáltam gyakorlatokat végezni, rengeteg keresztrejtvényt fejtettem, a Fókusz című televíziós műsorban szerepeltem, valamint egy **jótékonysági estet szervezett Debrecen**, amelynek fővédnöke a polgármester felesége volt. Rokkantnyugdíjas lettem és havi 14 ezer forint méltányossági juttatást kaptam. **A karrier kettétört**, a felépülés hosszadalmas volt, a sportot nem tudtam tovább folytatni.

Szerencsémre megvolt az úszó oktatói képesítésem, így elkezdhettem gyerekeket tanítani. Nagyon megszerettem a munkám, s az idő teltével 2008 decemberében Vajda Tamás mesteredző közreműködésével kerültem a DSC-SI-hez mint úszásoktató, igaz, csak napi négy órában. Az első években óvodásokkal foglalkoztam, majd bekerültek az alsó tagozatos iskolások, akiknek emelt számú úszásórákat tartottam. Az oktatások és alsósok tanításán kívül versenyúszókkal is foglalkoztam. Közben **saját egyesületet alakítottam**.

A Pepe SE úszásoktatással, technikát javító edzésekkel, versenyúszásra való felkészítéssel foglalkozik. Tömegsport jellegű egyesület. Nem versenyeztetünk, de jó kapcsolatokat ápolunk versenyeztetéssel foglalkozó klubokkal: búvárúszó, triatlon, vízilabda. Amint meglesz a nyelvvizsgám, átvehetem a diplomám, a Debreceni Egyetem sportszervezői szakán.

Összesen mintegy 16 műtéten vagyok túl. 2006-ban megnősültem, és egy évre rá megszületett Ádám fiam. Élem a férjek és apukák hétköznapi életét, de élek, és a család kárpótol a kínokért, amelyeket átéltem. A sport nevelt kitartásra, adott erőt az életben maradáshoz és ad célt a folytatáshoz.

Túra

A Nefelejcs Egyesülettel őrizte meg az egészségét

„A friss levegő, a fák, virágok látványa felvidította a lelkem, kikapcsolt a napi taposómalomból."
(Törös Róza, Debrecen)

Hetente gyalogolnak (balról a 3. elöl Törös Róza)

A Debreceni Konzervgyár hűtőrészlegében dolgoztam, ami egész napos állómunkával járt. **Szükségem volt fizikai állóképességem megerősítésére**, valamint a hétvégi feltöltődésekre. Ehhez a heti rendszerességű túraalkalmak nagyszerű lehetőséget biztosítottak. Tizennyolc éves koromban csatlakoztam a debreceni Nefelejcs Egyesület túrázóinak sorába nagynéném és vezetőjük, Sassné Jolika hatására. Azóta is kitartok mellettük. A friss levegő, a fák, virágok látványa felvidította a lelkem, **kikapcsolt**

a napi "taposómalomból". Jobban bírtam a fizikai terhelést, a munkát. Nagyon jó hatással volt rám az összekovácsolódott közösség. Fiatalon sokat lehetett tanulni az idősebbektől. A kötetlen beszélgetések, a receptcserék, a gyógynövények ismerete mind hasznos információkat nyújtottak számomra. Biztosan kijelenthetem, hogy mindezek hatásaként sikerült megőriznem egészségem még hetven éven felül is.

Úszás

Vitorlások állnak készen a mentésre

„Egyik hajtóerőm, hogy példaképe tudok lenni a fiataloknak."
(Kovács Lukácsné, Debrecen)

Kovács Lukácsné Czene Attila olimpiai bajnokkal
a tótkomlósi versenyen (2005)

Kedvenc eseményeim közé tartozik a Balatonfüred-Tihany 3,6 kilométeres öböl átúszása. A 65–70 évesek korcsoportjában évekig vittem a pálmát. Egyik hajtóerőm, hogy példaképe tudok lenni a fiataloknak, ám árgus szemekkel figyelem idősebb vetélytársaim időeredményeit. Sokszor rukkolok elő jobb idővel a nálam tíz-húsz évvel fiatalabbaknál is. A számítógépes nyilvántartásnak köszönhetően ugyanis a Balaton-átúszásánál **valamennyi résztvevő eredménye nyilvánosságra kerül**, és ennek köszönhetően figyelemmel tudjuk kísérni egymás teljesítményét. Hatalmas tömeg szokott összegyűlni az eseményre az ország minden részéről.

Maraton-klubtag lévén általában **előnevezek a nyílt vízi versenyekre**, ezáltal elkerülöm a hosszú sorban állások stresszét. A karunkra felcsatolt chipes karszalaggal mérik időeredményünket, melyeket három nap elteltével az interneten bárki olvashat. Külön boldogság tölt el, amikor találkozom régi tanítványaimmal, akikbe **sikerült beplántálnom a mozgás szeretetét**. Az egyik megmérettetésen 10700 indulóból 5225-dikként értem partot, 2:43 perc alatt teljesítve az 5,2 kilométert.

Előfordult, hogy elmaradt a meghirdetett megmozdulás a kedvezőtlen időjárás miatt, de azért többségében ideális körülmények között úszhatunk.

A nagy balatoni távon **óriási a biztosítás** a résztvevők nagy száma miatt. Száz méterenként vitorlások állnak készen a mentésre, frissítésre. Helikopterről, motoros csónakokból pásztázzák a vizet.

A hirtelen vihar szempontjából a Tisza-tó a legveszélyesebb. Volt már olyan alkalom, amikor a magas hullámoktól se úszó társat, se biztosító csónakot nem láttam.

Szenior úszóként rövidebb és hosszabb távú versenyeken is részt veszek. Az versenyzés meglehetősen gyakori utazásokkal jár. Ennek bizonyítására elmondanék egy nem szokványos hétvégi programomat. Egyik pénteken szenior úszóbajnokságon indultam Gyulán. A mérlegem: két arany- és két ezüstérem. Onnan utazás a Balatonra, hogy leússzam az 5,2 kilométert. Vasárnap vissza Gyulára, három dobogós helyezésért.

Családom is sportszerető. Három testnevelő van nálunk, két gyermekem és egyik vejem. Az unokák közül Feri sokszoros országos cselgáncs bajnok. Gábor és Zsolt gimnáziumi évei alatt a kosárlabdázásban jeleskedett, Zsolt a csapatával még **Brazíliában is szerepelt** a középiskolás világjátékokon. Húguk, Dóri pedig nemzetközi szereplésig vitte a táncparketten.

Utószó

Ha nem is rendelkezünk akkora vagyonnal, mint Rockefeller, de lehetőségeinkhez mérten követendő példát vehetünk életviteléről, amivel nyugdíjba vonulását követően elérte fő célját: az egészséges aggkort és embertársai megbecsülését. Erről tanúskodnak Napoleon Hill feljegyzései, amit Gondolkozz és gazdagodj! című könyvében olvastam.„Minden vasárnap istentiszteletre járt, ahonnan a hallottakról feljegyzéseket készített azokról az elvekről, amelyeket napi életébe be tudott iktatni. ... Vigyázott a kimerültség elkerülésére, éjjel nyolc órát aludt, és napközben is rendszeresen szundikált rövid ideig. ...

Mindennap lezuhanyozott, tiszta, rendezett volt a megjelenése. ...

Olyan éghajlatra költözött, ami megfelelt egészségi állapotának. ...

Kiegyensúlyozott életviteléhez hozzátartozott a rendszeres testmozgás, a friss levegőn történő tartózkodás, az olvasás. ...

Mértékletesen, lassan étkezett, alapos rágással. Kerülte a forró és hideg ételeket, italokat; vitaminokat fogyasztott. ...

Lelki táplálékaihoz tartozott az étkezések előtti imádság, a Biblia tanulmányozása, az ösztönző olvasmányok, a vidám, optimista beállítódás kifejlesztése. ...

Jelentős vagyonából bőven jutatott a rászorulóknak, alapítványokon keresztül. ...

Az önző emberből nagylelkűvé vált, kilencvenhét éves kort élt meg, egészségben, megbecsültségben."

„Mi a nagyobb érdem? A jelenlegi állapot vagy az ÚT? Ki honnan indult és hová jutott?"
Kiss Erzsébet

Felhasznált irodalom

- Bibliai idézetek a sportról:
  a Szent István Társulat bibiliafordítása.

Atlétika – Szőllősi István
- Kiss Erzsébet: Fanatikusan. Püspökladányi Hírek. 2004. november.

Aquafitness – Vojnitsné Bánáti Edit
- Kiss Erzsébet: Fitt szeniorok Hajdú-Biharban. Generációink. 2004. április.

Aviva-hormonszabályozó torna – Tóth Lívia (1941–2014)
- Tóth Lívia: Gyógyulásom élményét átadom, 1991
- Tóth Lívia: Az Aviva módszer, 1998
- Dobákné Oláh Júlia, Kiss Zsolt, Tóth Lívia:
  Gyógyulásunk élményét átadjuk, 1992, 2001, magánkiadás.

Csikung – Balogh András
- Kiss Erzsébet: Világrekordot döntöttek.
  HBN Vasárnapi Napló, 2010. október 17.

Etka-jóga – Császárné Benke Mária
- Kiss Erzsébet: Testben és lélekben egyaránt fiatalosan. Hajdú-Bihari Napló, 1999. június 11.
- Sikeres Nők. Kiss Erzsébet „Tyúkanyó" 2002/november.

Etka-jóga – Kártyikné Benke Etka
- Kiss Erzsébet: Negyedszázadott betegeskedett. HBN. Táj-Kép. 1996. július 18.

- Kiss Erzsébet: Egyre öregebb szeretne lenni. HBN. 1997. július 5.
- Kiss Erzsébet: Nem kell félnünk az öregedéstől. HBN. 1998. április 3.
- Kiss Erzsébet: Etka-Jóga Nemzetközi Egyesület. Hajdú-Bihari Őszike. 1999. február.
- Kiss Erzsébet: Életkezdés ötvenévesen. Az Etka-jóga. Sikeres Nők. 2001/március.

Etka-jóga – Szalai István
- Kiss Erzsébet: Egy sikeres tanítvány. Az Etka-jóga. Sikeres Nők. 2001/március.
- Kiss Erzsébet: Hajlékonyságát a végletekig fokozza. HBN. Vasárnapi Napló, 2001. március 18.
- http://www.etkajoga.com

Fitt-Ball – Vincze Andrea
- Kiss Erzsébet: Fit-ballal a gerinc épségéért. Hajdú-Bihari Napló 2012. október 5.
- www.fitball.hu

Gyűrűsizmok tornája – Tóth Lívia (1941–2014)
- Paula Garbourg: A gyűrűs izmok titka. Öngyógyítás szfinkter gyakorlatokkal, PGI magánkiadás

Hastánc – Borsosné Kovács Edit
- Kiss Erzsébet: Hastánc: uraknak is. HBN. TIPP. 2005. október 29.

Kerékpár – Novák Ferenc
- Kiss Erzsébet: Novák Ferenc, a biciklikirály, Debrecen, 2011

Kerékpár – Szőke Barna
- Kiss Erzsébet: „Amputálás helyett kerékpározás" Novák Ferenc, a biciklikirály, Debrecen, 2011. (209.oldal)

Meridián torna 312
- Kiss Erzsébet: Legyen saját maga akkumulátora! Hajdú-Bihari Napló. 2012. július 27.
- Kiss Erzsébet: Fergeteges torna. Hajdú-Bihari Napló. 2013. szeptember 27.
- www 312.hu.

Nordic Walking
- Kiss Erzsébet: Fiatalít a bottal végzett gyaloglás. Hajdú-Bihari Napló. 2010. december 13.
- Kiss Erzsébet: A botos séta mókás és hasznos. Hajdú-Bihari Napló. 2012. október 5.
- Kiss Erzsébet: Botos séta, hasznos móka. Mozgás. A Magyar Szabadidősport Szövetség Lapja. 2012. XIV. évfolyam 1.sz.
- http://www.nowa.hu/

Paraolimpikonok – Szabó Ozor János (Internet)

Szakrális tánc – Balla Judit
- Kiss Erzsébet: A tánc csodatévő, életformáló ereje. Hajdú-Bihari Napló. 1998. december 24.

Szemmasszázs, szemtorna – Kiss Erzsébet
- Kiss Erzsébet: Szemtorna – kicsiknek. Hajdú-Bihari Napló. 1992. szeptember 15.
- Kiss Erzsébet: „Just" is beszerveztek! Életfa Információs újság. 2007. június.
- Kiss Erzsébet: Szemtorna az éles látásért. Hajdú-Bihari Napló. 2012. augusztus 17. http://www.solyommadar.hu
- Szabó Dóra: „Terjeszti az igét" a sport misszionáriusa. Hajdú-Bihari Napló. 2015. január 6.

Szívtorna – Dr. Fésüs László
- Kiss Erzsébet: Infarktus ellen mozgással. HBN. Táj-Kép 1994. junius 27.

- Kiss Erzsébet: Szívbetegek rehabilitációja.
  Hajdú-Bihari Napló. 1997. május 23.
- Kiss Erzsébet: A debreceni „szíveseké" a vándorserleg.
  Hajdú-Bihari Napló. 1999. június 24.
- Kiss Erzsébet: Szívbetegek sikerei a sportpályán. HBN.
  Vasárnapi Napló. 2001. augusztus 26.
- Kiss Erzsébet: Fésüs tanár úr, a Hajós Alfréd-díjas. HBN.
  Vasárnapi Napló. 2008. február 24.
- Kiss Erzsébet: A szívesek szívesen síeltek.
  Hajdú-Bihari Napló. 2011. február 11.

Transzplantáltak – Dévald Péter
- Kiss Erzsébet: Öt arany volt az athéni zsákmány.
  Hajdú-Bihari Napló. 2000. november 15.
- Kiss Erzsébet: Szép győzelmek és japán csodák. HBN.
  Vasárnapi Napló. 2001. szeptember 16.
- Kiss Erzsébet: Lecsúszott nadrággal úszta végig a távot.
  HBN.Vasárnapi Napló. 2005. január 2.

Transzplantáltak – Prof. Dr Hancz Csaba
- https://hanczcsaba52.wordpress.com/

Triatlon – Pethő Zoltán
- Kiss Erzsébet: Akár tragédiával is végződhetett volna...
  Hajdú-Bihari Napló.1999. december 28.
- Kiss Erzsébet: Pepe versenyt veszített, de életet nyert.
  Futó-Triatlon Magazin 2000/1.

Képjegyzék:
15. oldal: ©Kacsó Márton
19. oldal: ©Kovács Ferenc
21, 35, 111, 115, 137, 143, 151, 164. oldal: ©Kiss Erzsébet
24. oldal: ©Vojnitsné Bánáti Edit
28. oldal: ©Dr. Szeszák Ferencné
30, 58, 66. oldal: ©Tóth Lívia
33. oldal: ©Scheller-Papp Renáta
38. oldal: ©Szűcs Gyöngyi
42. oldal: ©Kártyikné Benke Etka Anyó
46. oldal: ©Császárné Benke Mária
50. oldal: ©Demeterné Magyar Piroska
54. oldal: ©Szalai István
61. oldal: ©Vincze Andrea
64. oldal: ©Csiháné Tóth Erika
69. oldal: ©Napsugár Anna
73, 77. oldal: ©Borsosné Kovács Edit Estella
78. oldal: ©Kozempel Zsuzsanna
80. oldal: ©Lőrinczi Tibor
83. oldal: ©Sasvári Gyula
87. oldal: ©Novák Ferenc
91. oldal: ©Szőke Barna
96. oldal: ©Dr. Kunkli Tibor
99. oldal: ©Mittnacht József
101. oldal: ©Tőzsér Zoltánné Muci
106. oldal: ©Rózsa Dezső
108. oldal: ©Márki Erzsébet
118. oldal: ©Dely Márta
123. oldal: ©Varga Ágnes
125. oldal: ©Szabó Ozor János
129. oldal: ©Tunkel Nándor
132. oldal: ©Balla Judit
134. oldal: ©Kerekes Judit
141. oldal: ©Pázmándi Péterné Ili
153. oldal: ©Berente Judit
168. oldal: ©Prof. Dr. Hancz Csaba
175. oldal: ©Krucsó Zsolt
181. oldal: ©Molnár Sándor
187. oldal: ©Pethő Zoltán
191. oldal: ©Törös Róza
193. oldal: ©Kovács Lukácsné

A szerző

Kiss Erzsébet 1944. május 13-án született Debrecenben. Elvégezte a Nyíregyházi Tanárképző Főiskola földrajz-testnevelés szakát, majd a Testnevelési főiskolán kézilabda szakedző képesítést szerzett. NB-és csapatokban kézilabdázott, kosarazott, pingpongozott. A debreceni sportiskolánál dolgozott edzőként főállásban, majd testnevelő tanárként a tehetséggondozásra valamint a mozgás megszerettetésére helyezte a fő hangsúlyt. Tíz évig a Hajdú-Bihar megyei tanács művelődési osztályán az iskolai testnevelés és a diáksport szervezéséért volt felelős. A debreceni sportcentrum átadását követő világversenyeken vezető versenybíróként, újságíróként látott el feladatokat.

Nyugdíjas éveiben a sport misszionáriusaként előadásokat, bemutatókat tart országszerte, életmód táborokat szervez, vezet. A résztvevők igényei adnak inspirációt újságcikkei, könyvei megírásához, testszerviz programjainak kialakításához. Szabadidejében ezoterikus olvasmányok, sport, angol tanulás, írás – töltik ki és teszik teljessé életét.

Személyes példamutatásra törekedve, 52 sportágban próbálta ki magát, női sportfesztiválon kétszer lett országos szépkorú bajnok: 2004-ben és 2014-ben.

Életét két mottó vezérli. Az első, a megerősítő egy kínai közmondás: „Amit megtapasztalsz, azt kötelező továbbadnod", míg a másik, a figyelmeztetés így hangzik: „Az Úr adja a szelet, de a vitorlát nekünk kell kifeszíteni".

A kiadó

„ *Aki feladja,
hogy jobbá váljon,
feladta,
hogy jobb legyen!*

E mottó alapján a novum publishing kiadó célja az új kéziratok felkutatása, megjelentetése, és szerzőik hosszútávú segítése. Az 1997-ben alapított, többszörösen kitüntetett kiadó az egyik legjelentősebb, újdonsült szerzőkre specializálódott kiadónak számít többek között Ausztriában, Németországban és Svájcban.

Valamennyi új kézirat rövid időn belül egy ingyenes, kötelezettségek nélküli kiadói véleményezésen esik át.

További információkat a kiadóról és a könyvekről az alábbi oldalon talál:

www.novumpublishing.hu

Értékelje ezt a **könyvet** honlapunkon!

www.novumpublishing.hu